形容詞を
使わない
大人の
文章表現力

国立国語研究所教授
一橋大学連携教授 石黒圭

日本実業出版社

はじめに

☆ ☆ ☆ ☆ ☆ ☆ ☆ ☆ ☆ ☆ ☆ ☆ ☆ ☆ ☆ ☆

　文章に説得力を持たせたい。そう感じている人は多いのではないでしょうか。そうした思いに応えてくれるのが、**レトリック**と呼ばれる文章の修辞技法です。

　でも、レトリックって難しいんじゃない？　比喩法、反復法、倒置法、対照法、誇張法、冗語法という方法が並ぶばかりで……。たしかに専門的にレトリックを学ぶと、そうした表現法のオンパレードです。しかし、それがレトリックの本質でしょうか。本書はそうは考えません。大切なのは方法ではなく、考え方です。

　本書のレトリックの考え方、それは**「表現の一手間」**です。私たちが料理を作って、親しい友人やお客さまに出すとき、食べられればよいとばかりにそのまま出すでしょうか。きっと器や盛りつけに気を配り、おいしそうに見えるようにして出すでしょう。

それは文章でも同じです。私たちが文章を通常書くとき、直感的に言葉を選んで書いていきます。しかし、それでほんとうに多くの方に読んでもらえる文章に仕上がるでしょうか。書き手の論理ばかりが優先して読み手が置き去りにされた、読みにくい文章になっていないでしょうか。そこで大切なのが、レトリックです。読み手の立場から自分の文章を読みなおし、読み手に伝わらない言葉、伝える力が弱い言葉を修正し、文章に一手間加えること。それがレトリックの本質です。

　レトリックは「**表現の変化球**」と言い換えられるかもしれません。一流の打者を前にした投手は、速いストレートだけでその打者を抑えこめるでしょうか。無理です。多彩な変化球を織り交ぜながら、緩急をつけて初めて、投手は一流の打者を抑えられるのです。

　本書では、**表現のストレートは形容詞**であると考えます。人間が何かに触れ、それを言葉にするとき、反応として最初に出てくるのが形容詞だからです。女子高生がアパレルショップに入り、まず口にするのは「**かわいい**」です。お腹をすかせた男子大学生がメガ盛りの丼をまえ

に、感動とともにつぶやく言葉は**「やべえ」**です。道を聞いてきた外国人に流ちょうな英語で返す友人を見たときに出てくる言葉は**「すごい」**でしょう。こんなふうに、私たちの反応は形容詞でできています。

しかし、形容詞は、会話のなかで目の前の相手に自分の気持ちを伝えるのには適しているのですが、一見力が強いようで、自分の論理に閉じた弱い言葉です。自分の感じた気持ちを相手に詳しく伝えるのには適していないのです。形容詞というストレートを引き立たせるためには、表現の変化球を織り交ぜる必要があります。

本書のレトリックの基本的な考え方は**「形容詞を避けること」**です。直感的に出してしまう形容詞に一手間を加え、どのように力のある表現に変えていくか。形容詞を避けるときに、形容詞のかわりにどんな表現を選ぶか。それを九つの引き出しという形で提示していきます。もちろん、本書では難しいレトリック用語には頼らず、具体的で豊富な例で説明していくつもりです。

形容詞を避けることで生まれる新たな表現世界に、ご一緒に足を踏み入れてみませんか?

形容詞とは何か

☆ ☆ ☆ ☆ ☆ ☆ ☆ ☆ ☆ ☆ ☆ ☆ ☆ ☆ ☆

　本論では、「はじめに」に述べたように「形容詞を避ける」ことを中心に表現の技術を学びます。そこであらためて形容詞とは何かについて考えておきましょう。本書で考える形容詞は、狭い意味での形容詞と、形容詞の親戚である形容動詞です。

　狭い意味での形容詞は**「い形容詞」**とも呼ばれ、連体形、すなわち名詞に続く形が「い」になります。「嬉しい気持ち」「悲しい気持ち」「丸い豆腐」「四角い豆腐」の「嬉しい」「悲しい」「丸い」「四角い」が形容詞です。

　一方、形容動詞は**「な形容詞」**とも呼ばれ、連体形が「な」になります。「変な人」「元気な子ども」「親切な兄弟」「対照的な夫婦」の「変な」「元気な」「親切な」「対照的な」が形容動詞です。形容動詞は連体形以外では名

詞と同じ形を取ります。形容動詞は名前に動詞が入りますが、実際には「名詞的形容詞」や「名容詞」（日本語学者の寺村秀夫氏の命名による）と呼ばれることからもわかるように、形は名詞、意味は形容詞と考えておけばよいでしょう。「ハンサムな」「キュートな」「イージーな」「ハードな」のように、外来語を形容詞化するときによく使われるのが形容動詞です。

形容詞と形容動詞

形容詞（い形容詞）	形容動詞（な形容詞）
語末が「（し）い」となる。和語に多い。	語末が「な」となる。漢語や外来語に多い。
「嬉しい」「悲しい」「楽しい」「優しい」「丸い」「四角い」「青い」「赤い」	「変な」「元気な」「親切な」「対照的な」「ハンサムな」「キュートな」「イージーな」「ハードな」

　形容詞は種類の面では「い形容詞」と「な形容詞」に分かれますが、意味の面では、事物の性質を表す**属性形容詞**と、人の気持ちを表す**感情形容詞**に分けられるのが一般的です。

属性形容詞の属性には、「丸い」「四角い」という形の
ほか、「赤い」「青い」などの色、「重い」「軽い」などの
重さ、「高い」「低い」などの高さ、「長い」「短い」など
の長さ、「大きい」「小さい」などの大きさ、「多い」「少

属性形容詞と感情形容詞

属性形容詞	感情形容詞
事物の性質を表す	人の感情・感覚を表す
「丸い／四角い」（形）、 「赤い／青い」（色）、 「重い／軽い」（重さ）、 「高い／低い」（高さ）、 「長い／短い」（長さ）、 「大きい／小さい」（大きさ）、 「多い／少ない」（多さ）、 「早い／遅い」（早さ）、 「強い／弱い」（強さ）、 「新しい／古い」（新しさ）、 「遠い／近い」（遠さ）、 「広い／狭い」（広さ）、 「きれいな／きたない」（きれいさ）、 「難しい／簡単な」（難しさ）etc.	「嬉しい」「楽しい」（喜びの感情）、 「悲しい」「つらい」（悲しみの感情）、 「好きな／嫌いな」（好悪の感情）、 「愛しい／憎い」（愛憎の感情）、 「恐ろしい」「怖い」（恐怖の感情）、 「痛い」「苦しい」（身体の感覚）、 「眠い」「だるい」（生理的感覚）、 「明るい／暗い」（視覚）、 「うるさい／静かな」（聴覚）、 「おいしい／まずい」（味覚）、 「暑い／寒い」（皮膚感覚）etc.

ない」などの多さ、「早い」「遅い」などの早さなどがあり、多岐にわたります。

一方、感情形容詞の感情には、「嬉しい」「楽しい」「悲しい」「つらい」などの喜怒哀楽のほか、「痛い」「苦しい」「暑い」「寒い」などの感覚を表すものが入ります。ただし、感覚を表す形容詞は、人の感覚を表す（「（ヤカンを触った）手が熱い」）と同時に対象も表す（「（手で触った）ヤカンが熱い」）ため、属性形容詞的な側面も持ちます。

本書では形容詞を、会話で共感を示すときには便利でも、文章で目に浮かぶように説明をするのには不向きな品詞と考え、文章においては**「形容詞を避けることが表現力向上の基本」**であると考えます。

とくに形容詞には、

①**概括性**：大雑把な発想
②**主観性**：自己中心的な発想
③**直接性**：ストレートな発想

という、文章表現上、問題となりがちな三つの発想が含まれます。

　そこで、本書の第1部「直感的表現から分析的表現へ」では①「**大雑把な発想を排する**」方法を、第2部「主観的表現から客観的表現へ」では②「**自己中心的な発想を排する**」方法を、第3部「直接的表現から間接的表現へ」では③「**ストレートな発想を排する**」方法をそれぞれ示します。具体的には、①「大雑把な発想を排する」では「**描写**」「**下位語**」「**オノマトペ**」のレトリックを、②「自己中心的な発想を排する」では「**数値**」「**背景**」「**感化**」のレトリックを、③「ストレートな発想を排する」では「**緩和**」「**反対**」「**比喩**」のレトリックをそれぞれ紹介します。この3類9種の方法が十分に理解できれば、形容詞に頼らない、豊かな表現力が身につくでしょう。

　形容詞は感覚的な言葉ですので、形容詞を避けると論理的な言葉を考える必要が出てきます。みなさんも、「形容詞を避けるレトリック」を生かして、論理的な文章を書く方法をぜひ手に入れてください。

本書の構成

● 第1部　直感的表現から分析的表現へ

‖

「描写」「下位語」「オノマトペ」のレトリックを学ぶ

● 第2部　主観的表現から客観的表現へ

‖

「数値」「背景」「感化」のレトリックを学ぶ

● 第3部　直接的表現から間接的表現へ

‖

「緩和」「反対」「比喩」のレトリックを学ぶ

・

・

・

→ 豊かな表現力が身につく

形容詞を使わない　大人の文章表現力

目次

はじめに　1

形容詞とは何か　4

大雑把な発想を排する
直感的表現から分析的表現へ

第1章
あいまいさを避ける [限定表現]
（「すごい」「おもしろい」のあやふやさを避ける）

1.1　何がどう「すごい」かをはっきりさせる ……………… 18

1.2　どこが「おもしろい」かをはっきりさせる ……………… 30

1.3　両義の形容詞に気をつける ……………………………… 35

第2章

個別性を持たせる［オノマトペ］
（「おいしい」「痛い」のありきたりを避ける）

2.1　「おいしい」オノマトペ　……　44
2.2　多ジャンルで活躍するオノマトペ　……　52
2.3　エッセイのなかのオノマトペ　……　61
2.4　詩の世界のオノマトペ　……　64

第3章

詳しく述べる［具体描写］
（「かわいい」「すばらしい」の手軽さを避ける）

3.1　便利すぎる「かわいい」はNGワード　……　72
3.2　内面の感情・感覚を分析する　……　82

CONTENTS

自己中心的な発想を排する

主観的表現から客観的表現へ

第4章

明確な基準を示す［数量化］
（「多い」「さまざま」の相対性を避ける）

4.1 「多い」「少ない」に気をつける ……………………… 102

4.2 「さまざま」「いろいろ」に気をつける …………… 106

4.3 数量の副詞「おおぜい」「たくさん」に気をつける … 110

4.4 数量の名詞「数〜」「いくつか」に気をつける …… 117

第5章

事情を加える［背景説明］
（「忙しい」「難しい」の根拠不足を避ける）

5.1 「忙しい」には理由を添えて …………………………… 126

5.2 「難しい」にも理由を添えて …………………………… 134

5.3 センスのある遅刻の言い訳 …………………………… 138

第6章

出来事を用いる［感化］
（「はかない」「せつない」の感情表出を避ける）

6.1　夏の風物詩に託して「はかなさ」を描く ……………… 146

6.2　1枚の絵をとおして「せつなさ」を描く ……………… 155

6.3　何気ない日常の「幸せ」を描く ……………… 159

ストレートな発想を排する

直接的表現から間接的表現へ

第7章

表現を和らげる［緩和］
（「嫌いだ」「まずい」の鋭さを避ける）

7.1　直接的マイナス表現を回避する ……………… 168

7.2　not A but B を活用する ……………… 175

7.3　否定を肯定に変える ……………… 182

CONTENTS

7.4　否定で思索を深める ························· 187

第8章

裏から迫る［あまのじゃく］
（「くだらない」「つまらない」の不快さを避ける）

8.1　対極的なものの見方を考える ················· 198

8.2　前向きなものの見方をする ··················· 201

8.3　自分の感情に振り回されない ················· 206

第9章

イメージを膨らませる［比喩］
（抽象性を避ける）

9.1　イメージを膨らませる ······················· 216

9.2　サイズの基準を考える ······················· 221

9.3　比喩が活躍する世界 ························· 226

9.4　陳腐な比喩 ································· 231

おわりに　235

カバーデザイン／井上新八
カバー・本文イラスト／福々ちえ
本文デザイン・DTP／一企画

第1部

大雑把な発想を排する

直感的表現から分析的表現へ

第1章

あいまいさを避ける
［限定表現］

（「すごい」「おもしろい」の
あやふやさを避ける）

"すごい""おもしろい"だけだと おもしろくない!?

"気の利いたほめ言葉"
知りたいとき、ありませんか？

1.1
何がどう「すごい」かを
はっきりさせる

　Facebookの「いいね！」ボタン。Facebookを長年続けてきた人は、このボタンを何度押したことでしょう。共感を表すリアクションとして「いいね！」は基本です。しかし、「いいね！」ボタンは万能ではありません。相手が悲しんでいるときに「いいね！」を押すと、逆効果になってしまいます。そこで、現在では、Facebookのリアクションのボタンは「いいね！」に加えて、「超いいね！」「うけるね」「すごいね」「悲しいね」「ひどいね」の五つが加わり、合計6種類になりました。言語設定を関西弁にすると、「ええやん！」「めっちゃええやん！」「笑たわ」「すごいやん」「悲しいわ」「そら怒るわ」になるそうです。これで、リアクションの表現が豊かになりました。

　Facebookの世界はそれで解決かもしれません。しかしながら、私たちは、現実の生活のなかで、話題にかか

わらず「いいね！」ボタンを押すようなコミュニケーションをしていないでしょうか。ここでは、過剰に使ってしまう「すごい」を例に考えてみましょう。

問1 ①～⑫の下線部「すごい」を別の言葉でわかりやすく言い換えてください。

①人間の身体はすごい。
②一橋大生はすごい。
③戦争を体験した世代はすごい。
④プロの投手の球は生で見るとすごい。
⑤甲子園球場はスタンドの声援がすごい。
⑥ベトナムの市場は食品売り場がすごい。
⑦息子の幼いころの写真の顔がすごい。
⑧映画『君の名は。』はすごい。
⑨今日は風がすごい。
⑩ディープインパクト産駒はすごい。
⑪藤井聡太はすごい。
⑫大学の学費を自分で稼いでいる人はすごい。

「すごい」という形容詞は、強調をするだけの形容詞なので、その内実がわかりにくくなりがちです。その内実のわかりにくさは、3段階に分かれます。

一つ目の段階は、**「何がすごいか」**がわからないものです。①〜④がそれに当たります。

①人間の身体はすごい。

これは、形容詞にすると「精巧に作られている」ということを指していそうです。平たく言えば、「よくできている」ということでしょう。

> 人間の身体は精巧に作られている。

「人体」も、「自然」も、「天体」も、そのメカニズムは不思議で神秘的です。しかし、「すごい」だけでは、驚きの強さは伝わっても、何がすごいのかは伝わりません。「何がすごいか」を詳しく説明する表現を加えることが必要です。

②一橋大生はすごい。

　私は今、一橋大学で教えているのですが、学生たちによれば、しばしばこのように言われることがあるそうです。でも、学生たちは自分たちのことをすごいとは思っておらず、「何がすごいのか」戸惑うことが多いと言います。

　たしかに、話し言葉の場合は具体的に言うとお世辞っぽく響くことも多いのですが、文章でこうしたことを書くのなら、「頭がよい」「知的レベルが高い」とはっきり書いたほうが伝わるでしょう。

> ◎一橋大生は知的レベルが高い。

　また、「知的レベルが高い」でも不十分ならば、「批判的思考力が高い」「知的コミュニケーション能力が高い」とさらに分析的な表現を用いて示すことも可能です。

③戦争を体験した世代はすごい。

日本では戦後が長く続いていますが、戦争体験者が少なくなるにつれて、戦争体験がリアルなものでなくなりつつあります。戦争をくぐり抜けてきた人たちはすごいと思うのですが、「何がすごいか」と言われると、答えに窮してしまいます。

少なくとも、戦火を乗り越えてきた人たちは「鍛え方が違う」ような印象があります。

> 戦争を体験した世代は<u>鍛え方が違う</u>。

戦争体験者には、食べ物がなくても、住むところがなくても、動じない強さがあるように思うのです。

別の言い方をすれば「逆境に動じない強い精神力がある」ということになるでしょうか。そのようにあれこれ考えて初めて「すごい」の内実が見えてきます。

④プロの投手の球は生で見るとすごい。

スタジアムに足を運び、ブルペンで投げるピッチャーを間近で見られるならば、その球の迫力に圧倒されるにちがいありません。

> ✏ プロの投手の球は生で見ると<u>その迫力に圧倒される</u>。

さらに具体的に言うならば、「スピードがおそろしく速い」「変化球の曲がり方がえぐい」のように示すことも可能でしょう。

①〜④は「何がすごいか」がわかりにくいものでした。一方、⑤〜⑧のわかりにくさは「どうすごいか」がわからないことに由来します。

⑤甲子園球場はスタンドの声援がすごい。

甲子園球場の阪神ファンは、とくに熱いことで知られています。そこでの「すごい」は「熱狂的だ」ということを指していると思われます。スタジアム中に「響き渡る」声援なのでしょう。

⑳甲子園球場はスタンドの声援が熱狂的だ。

　もちろん、「すごい」には「ヤジがすさまじい」というネガティブな意味が含まれることもあり、そちらを強調したい場合にはそのように表現したほうが誤解はなさそうです。

⑥ベトナムの市場は食品売り場がすごい。

　「ベトナムの市場の食品売り場がすごい」と言われて、どのような状況をイメージするでしょうか。私はベトナムに行ったことがないので、想像がつきません。

　「活気がある」ということであれば「にぎやかだ」「にぎわっている」でしょうし、「品数が多い」ということであれば「種類が豊富だ」「充実している」ということかもしれません。このように、「どうすごい」のかを示す必要があるでしょう。

⑳ベトナムの市場は食品売り場がにぎやかだ／充実している。

⑦息子の幼いころの写真の顔がすごい。

「すごい」は極端な程度を表すだけで、いい意味にも悪い意味にもなります。

⑦の例は、いい意味であれば「かっこいい」「イケメンだ」ということでしょうし、悪い意味であれば「変だ」「不細工だ」ということになるでしょう。ひょっとすると、「おじいちゃんにそっくりだ」「『ONE PIECE』のルフィみたいだ」という意味かもしれません。

「変だ」「不細工だ」のような悪い意味の場合は「かなり個性的だ」のようにぼかして書いたほうがよいと思いますが、どちらの意味なのかは少なくともはっきりさせないと、読み手も戸惑うでしょう。

● 息子の幼いころの写真の顔が<u>イケメンだ</u>/<u>かなり個性的だ</u>。

⑧映画『君の名は。』はすごい。

　世界130ヶ国で上映された映画『君の名は。』はすごいと言われます。しかし、すごいと言っても、迫力がある場面が多くて圧倒されるという感じではありません。むしろ、「繊細で美しい」というところに持ち味があると思われます。しかし、映画を見たことがない人にはそれは伝わりませんので、そのように具体的に表現する必要があるでしょう。

⊗映画『君の名は。』は映像が繊細で美しい。

　①～④は「何がすごいか」がわからない例、⑤～⑧は「どうすごいか」がわからない例でした。これから紹介する⑨～⑫は「何がどうすごいか」は一応わかるのですが、それでも「すごい」が漠然としているので、もう少し**繊細な語彙選択をしたほうがよい**と思われる例です。

⑨今日は風がすごい。

「今日は風がすごい」と言えば、「風が強い」「風が激しい」ということでしょう。

> ⑨今日は風が<u>強い／激しい</u>。

あるいは「風がすごくて吹き飛ばされそうだ」「風がすごくて目も開けていられない」などと具体的に描写するのもよいでしょう。

⑩ディープインパクト産駒はすごい。

ディープインパクトは、サンデーサイレンスを父に持つ、日本競馬史上でも最強の牡馬の１頭です。引退後も種牡馬として活躍し、その子どもたちも好成績を収めています。「ディープインパクト産駒はすごい」というのはそのことを表しているわけです。すなわち、ここでの「すごい」は「瞬発力が高い」「勝負強さが桁違いである」ため、「総じて優れた実績を上げている」ということですが、競馬に疎い人にはその意味は伝わりにくいので、次のようなイメージの湧きやすい語彙選択が望まし

いでしょう。

> ⊗ ディープインパクト産駒は<u>総じて優れた実績を上げ</u>
> <u>ている</u>。

⑪藤井聡太はすごい。

　藤井聡太は史上最年少の14歳2ヶ月で将棋のプロ棋士になった将棋界のホープで、デビュー以来、好成績を収めています。将棋の世界では、先の手を読む読みの力が棋力を決めるわけですが、藤井聡太は幼少のころから詰将棋が得意で、その力がきわめて高いことはデビュー以前の小学生時代からファンのあいだで有名でした。そうなると、「すごい」ではなく、「読みの力が群を抜いて高い」「読みの力がコンピュータのように正確だ」のように表現したほうが、将棋に詳しくない人には親切でしょう。

> ⊗ 藤井聡太は<u>読みの力が群を抜いて高い</u>。

⑫大学の学費を自分で稼いでいる人はすごい。

「大学の学費を自分で稼いでいる人はすごい」という文から、きっと忙しすぎて生活がすさんでいるのだろうと想像する人は少ないでしょう。むしろ、学業のかたわら、高額な学費を自分で稼いでいる人に敬意を払う文脈で使われると思われます。だとしたら、「すごい」という月並みな表現ではなく、「ほんとうに立派だ」「尊敬に値する」などと表現してもよさそうです。

◎大学の学費を自分で稼いでいる人は<u>尊敬に値する</u>。

なんでも「すごい」の一言で片付いてしまうからこそ、こうした意味の広い形容詞の過剰使用には警戒する必要があります。

1.2
どこが「おもしろい」かをはっきりさせる

✯ ✯ ✯ ✯ ✯ ✯ ✯ ✯ ✯ ✯ ✯ ✯ ✯ ✯ ✯

　おもしろいことを人に説明するのは難しいものです。自分の仕事の魅力について、また、熱中している趣味について、そのどこがおもしろいのかを説明するのは難儀です。私も、「日本語なんか研究して、そのどこがおもしろいのですか」と質問されたら、どのように答えたらよいか困ってしまいます。せっかくですので、私なりの日本語研究の魅力について書いてみましょう。

- **見えない法則の発見**：私たちがふだん意識せずに使っている日本語の目に見えない法則が発見できる。
- **表現効果の可視化**：表現の仕方一つで伝わり方が変わる表現効果の違いが見えてくる
- **伝達のメカニズムの解明**：文字どおりの意味以上のことを伝える伝達のメカニズムを明らかにできる。

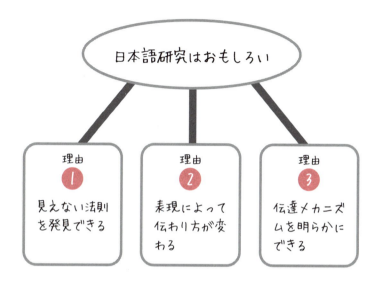

　こうしてあらためて考えてみると、私は「日本語という身近な言葉の不思議」を知りたいという強い好奇心を持っているようです。私自身の研究への好奇心はともかく、自分の研究のどこがおもしろいかを考えることは、自分の研究の姿勢や意義を見直すきっかけになるということです。「おもしろい」という形容詞の中身を具体的に考えることで、**自分の興味を分析的に捉えることが可能**になるわけです。

問2 日本のアニメの「おもしろさ」を具体的な言葉で表現してください。

日本のアニメはおもしろい。そう言ってしまえば簡単ですが、そこには深みはありません。日本のアニメはどこがおもしろいのだろうかと具体的に考えてみると、これまで見えていなかったいろいろなことが見えてくるでしょう。『となりのトトロ』『もののけ姫』『千と千尋の神隠し』など、宮﨑 駿 監督のスタジオジブリの一連の作品を考えてみると、たとえば、こんな「おもしろさ」に気がつきます。

> ●ストーリー性が強い；日本のアニメは、ストーリー性が強く、子どもだけでなく、大人も楽しめるものになっている。

『言の葉の庭』『秒速5センチメートル』『君の名は。』など、新海 誠 監督の映画であれば、丹念に作りこまれ

た映像美が何よりも印象に残るので、こんな「おもしろさ」にまとまるでしょう。

> ● **映像が鮮明**；日本のアニメは、細かく作りこまれており、それを支える映像も鮮明で、目で見て楽しめるものになっている。

　また、日本のアニメは、おっちょこちょいであったり、勉強もスポーツもできなかったり、ちょっぴり下品であったりする、完璧からはほど遠い、だからこそ魅力的な主人公が多いのが特徴です。『サザエさん』のフグ田サザエ、『ドラえもん』の野比のび太、『クレヨンしんちゃん』の野原しんのすけなどを考えてみれば、すぐにわかるでしょう。そうすると、日本のアニメの「おもしろさ」は次のように言えるでしょう。

> ● **主人公に人間味がある**；日本のアニメは、長所と短所を兼ね備えた人間らしい主人公が多いため、主人公に感情移入しやすい。

❀ **33** ❀

さらに、日本のアニメは登場人物が多いのが特徴です。『名探偵コナン』や『ONE PIECE』、『プリキュア』シリーズなどが思い浮かびます。また、『機動戦士ガンダム』のように、主人公のがわである地球連邦軍のアムロ・レイやブライト・ノアだけでなく、敵軍であるジオン軍のシャア・アズナブルやララァ・スンにも共感の目が行き届いているのも日本アニメの特徴だと言えるかもしれません。

> 🔴 **登場人物のバラエティが豊富**；日本のアニメは、登場人物のバラエティが豊富で、かつキャラが立っているため、視聴者の好みに合うキャラが見つかりやすい。

　このように、「おもしろい」という形容詞の内実を具体的に考えていくと、自然とその世界の魅力について深く分け入ることになります。ものごとを深く考えるうえで、**形容詞で思考を止めないことはとても大切**です。

34

1.3
両義の形容詞に気をつける

☆　☆　☆　☆　☆　☆　☆　☆　☆　☆　☆

　形容詞でとくに気をつけたいのが「いい」「大丈夫」「けっこう」「やばい」です。「いい」「大丈夫」「けっこう」はOKの意味にも断る意味にもなりますし、「やばい」も最近はよい意味でも使えるように意味が変化しています。つまり、これらの形容詞は**反対の意味に受け取られるおそれがある**という共通点があるわけです。

> **問3**　次の文の意味はあいまいです。あいまいにならないよう、下線部を別の言葉に言い換えてください。
>
> ①誕生日プレゼントは<u>いいですよ</u>。
> ②アルコールは<u>大丈夫です</u>。
> ③歓送迎会なら<u>けっこうです</u>。
> ④デパ地下のスイーツが<u>やばい</u>。

①誕生日プレゼントはいいですよ。

「いいですよ」は二つの解釈がありえます。「誕生日プレゼントはいいですよ」は、よい意味ならば「誕生日プレゼントは、もらって嬉しいものです」ぐらいでしょうか。一方、断る意味ならば「誕生日プレゼントは遠慮します」「誕生日プレゼントは要りません」ぐらいでしょうか。「いいですよ」の「よ」を高く長く発音すればよい意味に、「いい」を高く強く発音すれば断る意味になりますので、音声で聞けば、イントネーションで区別できますが、書き言葉ではしばしば混同されてしまいます。

> （Yesの場合）誕生日プレゼントは<u>もらって嬉しいものです</u>。
>
> （Noの場合）誕生日プレゼントは<u>遠慮します</u>／<u>要りません</u>。

②アルコールは大丈夫です。

「大丈夫です」は、ふつうに考えると「問題ない」という意味です。転んでしまったときや、咳が止まらないときにまわりの人から声をかけられて「大丈夫です」と答えるような場合です。そう考えると、「アルコールは大丈夫です」は問題なく飲めるという意味になりそうです。「アルコールは平気です」「アルコールは好きです」と言い換えることができます。

ところが、「大丈夫です」は最近、人にものを勧められたときに断る表現としてもよく使われます。「コーヒーいかがですか」「大丈夫です」のような組み合わせです。その意味で考えると、「アルコールはやめておきます」「アルコールは控えておきます」とも言い換えることができそうです。

- （Yesの場合）アルコールは平気です／好きです。
- （Noの場合）アルコールはやめておきます／控えておきます。

③歓送迎会ならけっこうです。

「けっこうです」も、どちらの意味にもなりえ、肯定の場合は「歓送迎会でけっこうです」と**助詞「で」**を、否定の場合は「歓送迎会はけっこうです」のように**助詞「は」**を取る傾向があります。

「歓送迎会ならけっこうです」の助詞「なら」は、「は」に近いので、断るニュアンスが強そうです。「歓送迎会ならご遠慮いたします」「歓送迎会ならお気遣い無用です」ぐらいの意味で受け取るのが一般的でしょう。

ところが、「送別会」だけならば、送りだされる私には抵抗があるけれど、新たに入ってくる人を迎える「歓迎会」を兼ねる「歓送迎会ならけっこうです」という意味で、この③を使う人もいるかもしれません。その意味なら、「歓送迎会なら問題ありません」「歓送迎会なら喜んで参加します」と表現したほうがよいでしょう。

- （Yesの場合）歓送迎会なら<u>問題ありません／喜んで参加します</u>。
- （Noの場合）歓送迎会なら<u>ご遠慮いたします／お気遣い無用です</u>。

④デパ地下のスイーツがやばい。

「やばい」は世代によって受け取り方が異なる言葉です。高齢者世代は俗語っぽくてあまり使わないのにたいし、私と同じ中年世代はピンチに陥っているときなど、追い詰められた状況で使います。

一方、私よりも下の若年世代は悪い意味だけでなく、よい意味でも使います。

「デパ地下のスイーツがやばい」はむしろよい意味で取る人のほうが多いでしょうか。「デパ地下のスイーツがほんとうにおいしい」「デパ地下のスイーツがさらに進化している」ぐらいの意味になりそうです。一方、旧来の悪い意味で取った場合は、「デパ地下のスイーツの質が落ちている」「デパ地下のスイーツの安全面に問題がある」ぐらいの意味になりそうです。

○ デパ地下のスイーツが<u>ほんとうにおいしい</u>／<u>さらに進化している</u>。

○ デパ地下のスイーツの<u>質が落ちている</u>／<u>安全面に問題がある</u>。

以上見てきたように、「すごい」「おもしろい」「いい」「大丈夫」「けっこう」「やばい」など、よく使われる便利な形容詞のなかには、意味が抽象的であいまいになりがちなものが多く存在します。そうした形容詞は、意味の限定性の強い別の形容詞を選んだり、誤解を招かない具体的な動詞表現を用いたりすることで、**あいまいさを排除する必要**があります。そうすることで初めて読み手に正確に伝わる表現になるのです。

★Point★
たくさんの意味を持つ形容詞は、意味を限定しよう

第1部

大雑把な発想を排する

直感的表現から分析的表現へ

第2章

個別性を持たせる ［オノマトペ］

（「おいしい」「痛い」の
ありきたりを避ける）

オノマトペを使うとわかりやすくなる!!

2.1

「おいしい」オノマトペ

✯ ✯ ✯ ✯ ✯ ✯ ✯ ✯ ✯ ✯ ✯ ✯ ✯

　おいしいものを食べたとき、「おいしい！」という感想は誰にでも言えます。目の前においしいものがあれば、「おいしい！」で十分伝わるかもしれません。しかし、目の前においしいものがない場合、読み手においしさを伝えるためには言葉の力が必要です。そのときのポイントは、**おいしさの描写**です。次の「第3章　詳しく述べる［具体描写］」でも説明しますが、おいしい様子を丁寧に描写することで、おいしい雰囲気が伝わります。ただし、おいしさを表す味覚は、動きや変化に乏しく、動詞による描写には限界があります。そこで活躍するのが、**オノマトペ**です。

　オノマトペとは、**擬音語・擬態語**のことです。擬音語は「バーン」のように音に似せた言葉、擬態語は「ゆらゆら」のように事物の様子をそれらしく表した言葉です。感覚的な表現で、音を聞けば状況がイメージしやすい言

葉なので、細かい描写に重宝されます。

> **問1** 次の①〜⑥の食べ物の食感を描写するときに共通して使われるオノマトペを挙げてください。
>
> ①パンケーキ、ロールケーキ、オムレツ
> ②ラスク、クッキー、天ぷら
> ③エビ、鶏モモ肉、ソーセージ
> ④納豆、オクラ、とろろ
> ⑤ベーコン、唐揚げ、ピザ
> ⑥ドーナツ、ニョッキ、水餃子

　日本語学の世界では**「気づかない新語」**というものがあります。流行語はメディアに乗ってあっという間に広がり、あっという間に廃れますが、「気づかない新語」は知らぬ間に広がり、定着します。そして、なかなか廃れません。「夕ご飯」「晩ご飯」に取ってかわりつつある「夜ご飯」が代表的ですが、「食感」も「気づかない新

語」です（花園大学の橋本行洋氏の研究による）。

　日本人の食にたいする熱い思いは冷めることを知りません。大手レシピサイトであるクックパッドにはオノマトペ検索シリーズがあり、オノマトペが食欲をいかに刺激してくれるか、よくわかるようになっています。

　早速、オノマトペを見てみましょう。①「**パンケーキ**」「**ロールケーキ**」「**オムレツ**」に共通するのは「**ふわふわ**」です。スポンジケーキのふわふわは食欲をそそります。スポンジケーキのもとになる卵白のメレンゲもふわふわですし、卵を焼いたオムレツやオムライスもふわふわです。

②「ラスク」「クッキー」「天ぷら」に共通するのは「サクサク」です。ほどよく水分が抜けて、口のなかで心地よい歯ごたえで切れていくサクサク感は快感です。小麦粉でできたものを焼いたり揚げたりすることで生まれる食感で、ラスク、クッキー、天ぷらに共通しています。

③「エビ」「鶏モモ肉」「ソーセージ」はいずれも「ぷりぷり」しています。ぷりぷりを支えるのは、肉の持つ弾力感です。歯に抵抗しながらも、すっきり切れていく弾力感が、気持ちのよい食感を生みだします。エビの身もぷりぷり、鶏のモモもぷりぷり、腸詰めにされたソーセージもぷりぷりです。

④「納豆」「オクラ」「とろろ」は言うまでもなく「ねばねば」です。ねばねばは手で触ると気持ちのよいものではありませんが、口のなかではさほどではありません。何よりも身体によいのがありがたく、納豆、オクラ、とろろといった、ご飯と相性のよい朝のねばねばにお世話になっている人も少なくないでしょう。

⑤「ベーコン」「唐揚げ」「ピザ」に共通するのは「カリカリ」です。カリカリに焼いた香ばしいベーコンは食欲をそそります。目玉焼きとセットになると食感にもコントラストが生まれます。唐揚げのカリカリもたまりません。煮たときの鶏皮の柔らかい食感が苦手な人も、カリカリに揚がった鶏皮ならば大丈夫という人は少なくありません。ピザもクリスピーという言葉がよく使われるように、専用窯でじっくり焼かれてカリカリになった食感はピザのおいしさの核心です。

⑥「ドーナツ」「ニョッキ」「水餃子」に共通するのは、そう「もちもち」です。なかには「もっちもち」を考えた人もいるかもしれません。ドーナツだけだと「ふわふわ」、水餃子だけだと「ぷりぷり」を想像しやすいのですが、ニョッキも含めて考えると、共通しているオノマトペは「もちもち」です。柔らかいけれども歯に抵抗があり、でも、噛み切るときにはプチッと切れる感覚がある。それがこの3者に共通した食感の特徴です。

おいしさを表すのに「おいしい」という形容詞ではあ

まりに意味が広すぎます。オノマトペがあれば、そのおいしさの一つ一つの局面が食感とともに伝わるのです。

問2 次の①～④のオノマトペを見て思い浮かぶ季節（春・夏・秋・冬のいずれか）と旬の食べ物を考えてください。

①ほくほく
②ぐつぐつ
③シャキシャキ
④つるつる

　もう一つ、食べ物のオノマトペを見ておきましょう。日本の食べ物は旬を重んじます。旬という季節感はオノマトペにも表れます。文章を書くときにオノマトペを意識すれば、上手に季節感を表せます。

　①「ほくほく」は焼いたりふかしたりしたものを割ると湯気が立ち昇るような柔らかな感じで、秋の味覚につ

ながるオノマトペです。秋の味覚の代表といえば、サツマイモとクリ。焼き芋や栗ご飯にはほくほく感があります。また、季節感があまりないように見えるジャガイモの旬もじつは秋。ほくほくしたコロッケやジャーマンポテトはたまりません。カボチャの旬は秋から冬ですが、ハロウィンの影響もあり、すっかり秋の味覚の代表になっています。カボチャの煮物もグラタンも「ほくほく」が似合います。

②「ぐつぐつ」と言えば鍋。鍋は冬の代名詞です。弱火で長時間煮る「ことこと」とは違い、強火で沸騰させていくのが「ぐつぐつ」です。寄せ鍋、ちゃんこ鍋、土手鍋、もつ鍋、石狩鍋、キムチ鍋、ぐつぐつ煮立った鍋は、寒い冬の冷え切った体も心も芯から温めてくれます。「ぐつぐつ」に似た「ことこと」も煮物やポトフにぴったりで、やはり冬のオノマトペと言えるでしょう。

春と言えば新芽の季節。③「シャキシャキ」は山菜や野草をイメージさせる、春の味覚のオノマトペです。水々しい生の野菜を噛むときの歯切れのよい音は「シャ

キシャキ」がぴったりです。タケノコもシャキシャキ、セリもシャキシャキ、ウドもシャキシャキ、春キャベツも新タマネギもみんなシャキシャキしています。

④「つるつる」は麺をすするオノマトペ。あまり噛まずに口のなかに麺が入り、抵抗なく次々に通っていく感じが「つるつる」です。暑い夏には冷たい麺が似合います。そうめんや冷やむぎ、そばや冷やし中華に「つるつる」はぴったりです。「キンキン」に冷えたビールや冷たいスープ、「シャリシャリ」しているかき氷やシャーベットも夏らしさをかもしだし、夏のオノマトペからは外せません。

　オノマトペは食感だけでなく旬も表せます。形容詞に頼らなくても、オノマトペがあれば、ここまで感覚的な表現が可能になるのです。

2.2
多ジャンルで活躍するオノマトペ

　オノマトペが活躍するのは、料理ばかりではありません。マンガでも、ファッションでも、歌謡曲でも、商品名でも、スポーツでも、医療でも、オノマトペは花盛りです。

　たとえば、マンガでは登場人物が走るとき、どんな走り方をするでしょうか。

> **問3** マンガで登場人物が歩く場合、「てくてく」「とことこ」「とぼとぼ」「すたすた」などと表されますが、走るときに使われるオノマトペにはどんなものがありますか。考えられるだけ挙げてください。

走るときに使われるオノマトペ、私がためしに考えてみただけでもこんなにたくさんあります。

ドタドタ	スーッ
バタバタ	ひたひた
ドタバタ	べたべた
ドカドカ	ちょこちょこ
タッタッタッ	ちょろちょろ
ダッダッダッ	ふらふら
すたこら	よろよろ
とっとこ	のろのろ
ピュー	のんびり

形容詞を副詞化したものでは、「速く」ぐらいしか思いつきません。それを、オノマトペではこれだけ言い分けられるわけで、日本語のオノマトペの豊かさに、あらためて驚かされます。

つぎは、オノマトペなしには成り立たないファッション誌と歌謡曲のオノマトペを考えてみましょう。

第
1
部

大雑把な発想を排する

問4 **ファッション誌と歌謡曲の歌詞でよく使われる オノマトペはどんなオノマトペだと思いますか。それぞれのベスト3を考えてください。**

　一橋大学大学院生で私のゼミに所属する赫楊さんは、以前中国でファッション誌の翻訳のアルバイトをしていたときに、日本語のオノマトペが中国語になることごとく消えることに興味を持ち、ファッション誌のオノマトペの研究を始めたそうです。

　赫さんの研究によれば、ファッション誌に出てくるオノマトペは「ちょ」がつくものがもっとも多く、「**ちょっぴりピンク**」「**ちょこっとイン**」のように使われます。次に多いのは「**ふわ**」がつくもので、「**ふわふわニット**」「**ふわもこアイテム**」のように使われます。そのあとに続くのが「**たっぷり**」「**すっきり**」で、「**たっぷりフレアのスカート**」「**すっきりシルエットのパンツ**」のように使われるそうです。

54

一方、歌謡曲の歌詞によく出てくるオノマトペは、私自身が調べました。歌謡曲の最大のテーマは恋愛。好きな人への心のときめきと二人でいることの幸せが数多く歌われています。歌謡曲のオノマトペは第三位が「**ドキドキ**」、第二位が「**キラキラ**」です。ここまではなんとなく予想がついたのですが、意外なのが第一位。これを当てられた人は、今まで私のまわりにほとんどいません。第一位は「**そっと**」。恋愛に必要なのは、さりげなく優しいしぐさを示す「そっと」であるようです。

> 問5 **お菓子の商品名で、オノマトペ由来のものを、思いつくかぎり挙げてください。**

お菓子売り場にはオノマトペがあふれかえっています。江崎グリコの「ポッキー」や「プッチンプリン」、赤城乳業の「ガリガリ君」や「シャリシャリ君」、森永製菓の「パックンチョ」や「おっとっと」、ロッテの「カプッチョ」や「ザクリッチ」、カルビーの「ポテトチップ

スギザギザ®」、亀田製菓の「ぽたぽた焼」、カバヤ食品の「さくさくぱんだ」などがオノマトペ由来です。

お菓子売り場以外ですと、文房具売り場には芯が回って尖りつづける三菱鉛筆のシャープペンシルの「クルトガ」がありますし、生活雑貨売り場では花王の食器用洗剤「キュキュット」が代表的です。

医療関係でもオノマトペが豊富です。とくに、患者が症状を訴えるとき、感覚表現であるオノマトペを使うのが一般的です。したがって、患者は自分自身の症状をオノマトペでしっかり伝えられないといけませんし、医者は患者のオノマトペによる訴えに基づいて症状を的確に診断しなければなりません。

問6 次の①〜⑫の痛みをそれぞれ1語で適切に表すオノマトペを考えてください。

[頭の痛み]
①頭で大きな音が響くような激しい痛み

②絶えずうずくようなつらい痛み

③しびれを伴うような絶え間ない痛み

④頭に血が上るような高熱を伴う痛み

［胃の痛み］

⑤吐き気を伴う胃のもたれ

⑥胃が絞られるような急性の激しい痛み

⑦激しくはないが繰り返す痛み

⑧針で細かく刺したような胃の痛み

［喉の痛み］

⑨声のかすれを伴う痰がからむような痛み

⑩喉に細かいトゲが引っかかったような痛み

⑪粘膜の表面がやけどをしたような痛み

⑫声帯がおかしく息がしづらくなる痛み

　「頭が痛い」ということをオノマトペで訴える場合、次のように表すことが考えられます。

①頭で大きな音が響くような激しい痛み

→頭が**がんがん**するんです。

②絶えずうずくようなつらい痛み

→頭が**ずきずき**するんです。

③しびれを伴うような絶え間ない痛み

→頭が**じんじん**するんです。

④頭に血が上るような高熱を伴う痛み

→頭が**かーっと**するんです。

「がんがん」「ずきずき」「じんじん」「かーっ」は、頭痛と一緒に使われる典型的なオノマトペです。

「胃が痛い」ということをオノマトペで訴える場合、頭痛とはやや異なるオノマトペが用いられます。

⑤吐き気を伴う胃のもたれ

→胃が**むかむか**するんです。

⑥胃が絞られるような急性の激しい痛み

→胃が**きりきり**するんです。

⑦激しくはないが繰り返す痛み

→胃が**しくしく**するんです。

⑧針で細かく刺したような胃の痛み

　　→胃が**ちくちく**するんです。

「**むかむか**」「**きりきり**」「**しくしく**」「**ちくちく**」は、胃痛と一緒によく使われるオノマトペです。

「喉が痛い」ということをオノマトペで訴える場合、頭痛・胃痛とはさらに異なるオノマトペが用いられます。

⑨声のかすれを伴う痰がからむような痛み

　　→喉が**がらがら**するんです。

⑩喉に細かいトゲが引っかかったような痛み

　　→喉が**いがいが**するんです。

⑪粘膜の表面がやけどをしたような痛み

　　→喉が**ひりひり**するんです。

⑫声帯がおかしく息がしづらくなる痛み

　　→喉が**ひゅーひゅー**するんです。

「**がらがら**」「**いがいが**」「**ひりひり**」「**ひゅーひゅー**」もまた、喉の痛みと一緒に使われるオノマトペです。

　反対に、オノマトペから先に提示され、「がんがん」「ずきずき」「じんじん」「かーっ」は身体のどこの部位

に使われるオノマトペ？「むかむか」「きりきり」「しくしく」「ちくちく」は身体のどこの部位に使われるオノマトペ？「がらがら」「いがいが」「ひりひり」「ひゅーひゅー」は身体のどこの部位に使われるオノマトペ？とそれぞれ問われたら、頭、胃、喉と適切に答えられるでしょう。オノマトペはこのように文脈やイメージを強く規定する、きわめて限定的に使われるもので、形容詞とはその点で大きく異なります。

2.3

エッセイのなかの
オノマトペ

☆ ☆ ☆ ☆ ☆ ☆ ☆ ☆ ☆ ☆ ☆ ☆ ☆

　オノマトペは擬音語・擬態語に分かれますが、書き手の感覚・感情を表す**擬情語**というものもあります。そうした擬情語がよく表れるのがエッセイです。

問7　次の文章は、椎名誠『さらば国分寺書店のオババ』（新潮文庫）からの引用です。国分寺書店のオババと、それと向きあった客がどのような反応をするかを描いたものです。下線を引いたオノマトペから、オババや客の心理を読み取ってみてください。

　このあたりを東海林さだおふうに言うと、まずオババが「キッ！」として、客は「ギョッ」となるわけですね。
　それからすぐ「ボーゼン」ということになって、

それから「プイ」ということになるわけだけど、た
まに「ボーゼン」ではなくて「アゼン」とする人も
いるわけで、それから「フン」ということになり
「プイ」につながる人もいるわけです。

　まず、「キッ！」からは、オババの瞬間湯沸かし器的
な怒りが感じられ、それを感じ取った客の「ギョッ」か
らは、客にたいして信じられないという驚きの感情が汲
み取れます。

　客はそこから「ボーゼン」となりますが、これは厳密
にはオノマトペではなく「呆然」です。次の客の反応
「プイ」からは顔を背けてコミュニケーションを拒否す
る姿が見えてきます。また、「アゼン」は「唖然」であ
り、「ボーゼン」と同様にオノマトペではありませんが、
片仮名書きされることでオノマトペっぽく見えます。次
の客の反応「フン」はバカにしやがって付き合っていら
れないという反発の感情が見え、そこから先ほどの「プ
イ」、顔を背けてのコミュニケーション拒否につながる
わけです。もし、東海林さだおふうに言わないと、どう

なるでしょうか。ためしにやってみましょう。

> まずオババが怒って、客は驚くわけですね。
> それからすぐどう反応してよいか、わからなくなって、それから不機嫌になるわけだけど、たまにあきれてものが言えなくなる人もいるわけで、それから不満を覚え、不機嫌につながる人もいるわけです。

　やはり、しっくりきません。原文のほうが、実感をともなって、心情がきめ細かく伝わることがよくわかります。

　オノマトペを含む表現を、上記のような概念的な表現に置きかえる作業をするとすぐにわかることですが、オノマトペを適当な概念語に正確に「翻訳」することは不可能に近い作業です。つまり、オノマトペは、辞書で定義することがきわめて難しい言葉なのです。そのため、オノマトペは、客観性を重視し、論理を積み重ねることによって表現する法律の文章や論文・レポートで避けられる傾向があります。

2.4 詩の世界のオノマトペ

オノマトペの総仕上げに、詩の世界に出てくるオノマトペを考え、オノマトペのセンスに磨きをかけましょう。

問8 以下の詩は、谷川俊太郎の詩「どきん」(『どきん―谷川俊太郎少年詩集 詩の散歩道』理論社)からの引用です。[　]に当てはまる擬音語・擬態語を①〜⑩のなかから選んでください。

さわってみようかなあ　[　]
おしてみようかなあ　[　]
もすこしおそうかなあ　[　]
もいちどおそうかあ　[　]
たおれちゃったよなあ　[　]
いんりょくかんじるねえ　[　]

ちきゅうはまわってるう　[　　]

かぜもふいてるよお　[　　]

あるきはじめるかあ　[　　]

だれかがふりむいた！[　　]

①ぐいぐい　②ぐらぐら　③ひたひた　④えへへ

⑤そよそよ　⑥つるつる　⑦どきん　⑧ゆらゆら

⑨みしみし　⑩がらがら

作者の選択によれば、⑥、⑧、②、⑩、④、⑨、①、⑤、③、⑦の順です。

さわってみようかなあ　つるつる

おしてみようかなあ　ゆらゆら

もすこしおそうかなあ　ぐらぐら

もいちどおそうかあ　がらがら

たおれちゃったよなあ　えへへ

いんりょくかんじるねえ　みしみし

ちきゅうはまわってるう　ぐいぐい

> かぜもふいてるよお　そよそよ
> あるきはじめるかあ　ひたひた
> だれかがふりむいた！　どきん

　ゼロから考えて入れるとなると、詩人の感性が必要になりますので、かなり難しいのですが、選択肢のなかから選ぶ場合、かなり正解できたのではないでしょうか。

　「さわる」という行為からは、触覚を表す**「つるつる」**が浮かびます。「おす」という行為からは**「ゆらゆら」****「ぐらぐら」****「がらがら」**が入ることがわかり、またこの順で揺れの強さが増していることから、このままの順序でよいことがわかるでしょう。「たおれちゃったよなあ」の「よなあ」には照れ笑いの**「えへへ」**がふさわしくなります。

　「みしみし」と**「ぐいぐい」**はやや難しかったかもしれませんが、消去法で考えればいけそうです。「かぜ」は**「そよそよ」**吹きますし、「あるく」のは**「ひたひた」**です。「だれかがふりむいた！」の「！」に対応するのは**「どきん」**でしょう。

　この詩は、概念的な動作と、感覚的な認識が、左右で

対応するように表現されています。左がわの表現のような概念的で分析的な表現力はオノマトペにはありませんが、そのぶん、イメージ豊かに実感を込めて感覚を伝える力に富んでいます。

　子どもっぽくなるということで避けられがちなオノマトペですが、うまく使えば、**言葉の生気を蘇らせる装置として有望**です。また、創造性も発揮できますので、文脈にあわせ、陳腐にならないオノマトペを、形容詞の代わりにあえて狙って使ってみるのもおもしろいと思います。

★Point★
オノマトペを使うことで
より豊かな表現ができる!!

第1部

大雑把な発想を排する
直感的表現から分析的表現へ

第3章

詳しく述べる
［具体描写］

（「かわいい」「すばらしい」の
手軽さを避ける）

"かわいい" はムズカシイ!!

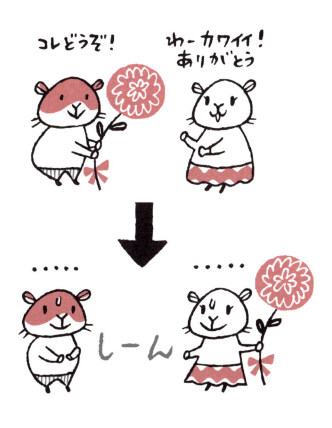

「かわいい」を表現するひきだし、
空っぽじゃないですか？

3.1
便利すぎる「かわいい」はNGワード

「かわいい」というのは、女子高生の共通語でした。かつては、観光地のお店に入ると、女子高生が何を見ても「かわいい」と言いあっている姿を見かけたものです。

今や、「かわいい」は全世代の共通語です。若い女性だけでなく、おばさんも、おばあさんも、お店に入って小物を見つけると、「かわいい」と声をかけあいます。少年も、おじさんも、おじいさんも、「おっ、けっこうかわいいじゃん」と口にすることに、さほど抵抗がないように感じられます。

さらに「かわいい」は世界の共通語になりつつあります。原宿系、渋谷系の若者文化に代表される"kawaii"は英語などに「外行語」（「外来語」の反対です）として入りこみ、世界で知られるようになっています。

一方、「かわいい」はその意味を大きく広げています。「エロい」と「かわいい」の混成語であり、性的なセクシーさを含んだかわいさを表す「エロかわいい」、「ぶさいく（不細工）」と「かわいい」の混成語であり、ブルドッグのような動物的なかわいさを表す「ブサかわいい」、「キモい（気持ち悪い）」と「かわいい」の混成語であり、ふなっしーのようなゆるキャラ的なかわいさを表す「キモかわいい」など、従来の「かわいい」の概念を越えたものにも使われています。

このように、よく使われる形容詞はどんどん意味が拡大する傾向があります。「かわいい」のような形容詞は便利ではあるのですが、便利であるがゆえに、「かわいい」に極度に依存してしまい、**語彙が貧困になる**原因になります。

したがって、私たちが表現力の向上を考える場合、こうした便利な表現をNGワードとして避けるようにし、「かわいい」に代わる言葉を探すという地道な努力が必要です。

第1部 大雑把な発想を排する

> 問1　次のイラストを見て、①〜③の下線部「かわいい」の部分を、イラストを描写する具体的な表現に変えてください。

①このネックレス、かわいい！
②このハムスター、かわいい！
③このサクランボ、かわいい！

「かわいい」という表現は、本来、**小さかったり幼かったりするものの、だからこそ心惹かれるものにたいして使われます。**

その意味で、「かわいい」対象になるものは、アクセサリーのような小物が多いです。たとえば、ヘアクリップやシュシュ、イヤリングやピアス、ネックレスやブローチのようなものが、よく「かわいい」と呼ばれます。

①のイラストの「このネックレス、かわいい！」は、**具体的に描写**すると、たとえば次のようになります。

> このネックレス、くり抜いたハートのなかに輝く真珠が一粒入っているエレガントなデザインだ。

「かわいい」は小物だけでなく、**生き物にたいしても使われます。**ウサギ、リス、ハムスター、カピバラなど、小動物にたいして多く使われます。哺乳類以外にも、スズメやペンギンなどの鳥類、金魚やメダカなどの魚類、テントウムシやミツバチなどの昆虫類などにもしばしば用いられます。また、ミッキーマウスやハローキティ、ピカチュウやピーターラビットなど、キャラクターグッ

ズにも「かわいい」はよく使われます。もちろん、人間の赤ちゃんにも使われますし、男子を形容する「かっこいい」にたいして女子を形容する「かわいい」は定番です。しかし、「かわいい」だけでは表現としての力に乏しいので、それに代わる言い換えの表現を考える必要があるでしょう。

　②のイラストのハムスターについて、「かわいい」を使わずに描くとしたらどのように描けるでしょうか。たとえば、このようになりそうです。

> このハムスター、つぶらな黒い瞳をして、ほっぺをエサで膨らませて、おいしそうにヒマワリの種を食べている。

　さらに、「かわいい」は植物にたいしても使われます。プチトマトやベビーキャロットのような野菜、イチゴやサクランボのような果物、スミレやタンポポなどの花にも、かわいらしさを感じることは少なくないでしょう。

　③のイラストのサクランボの「かわいさ」はどのように表現したら表せるでしょうか。たとえば、次のように

描けるでしょう。

> 例 このサクランボ、つやつやしたハート形で、にこにこと仲良く並んでいる。

このように、「かわいい」という便利で安易な言葉を言い換えることで、日本語の表現世界が広がることが実感できるでしょう。

「かわいい」とともに安易に使われがちなのが、次ページの**「すばらしい」**という言葉です。もちろん、ほめ言葉として悪い言葉ではないと思うのですが、無条件に賛美しているようなところがあり、かえってわざとらしく、ウソっぽく聞こえることがあるので、使用のさいに注意が必要な形容詞です。

問2 使われている文脈を想像して、①〜④の下線部「すばらしい」を、具体的な言葉で詳しく言い換えてください。

①すばらしいお母さまですね。
②すばらしいホテルに泊まった。
③ヨーロッパの街並みはすばらしい。
④この世界はすばらしい。

①すばらしいお母さまですね。

は、どのような面ですばらしいかを想像しなければなりません。料理が上手なのか、子ども思いなのか、しつけが上手なのかなど、すばらしいと形容される側面によって表現はかわります。その結果、「すばらしい」の持つ全面肯定感が薄れ、**事実に即した等身大のほめ言葉に変**わります。

> - 心のこもったおいしい料理を作れる憧れのお母さまですね。
> - 子どもの言葉をきちんと受け止められる優しいお母さまですね。
> - 叱るときにはしかり、ほめるときには心からほめられる尊敬できるお母さまですね。

②**すばらしいホテルに泊まった。**

も、やや大げさな表現です。近年、ホテルの評価サイトで「すばらしいホテル」のようなタイトルを見かけますが、全面的な肯定感が、関係者が宣伝のためにこっそり書きこんだステマ（ステルス・マーケティング）のような印象を与え、情報の信頼性はむしろ下がってしまいます。複数の優れた点が重なった結果、「すばらしい」という形容詞に落ち着いたのだと思うのですが、だとしたら、そうしたすばらしさを「すばらしい」という１語で一括してしまうのでなく、**すばらしく感じられる点を具体的に列挙したほうが説得力は増す**でしょう。たとえば、こんな感じです。

> 部屋がきれいで広く、レストランの食事も豪華で、接客サービスもばっちりの、三拍子そろったホテルに泊まった。

③ヨーロッパの街並みはすばらしい。

ヨーロッパの街並みへの憧れや思い入れはわかりますが、地味で伝統的な街並みにすべての人が共感を覚えるとはかぎりません。だからこそ、ヨーロッパの街並みのどこがすばらしいのか、そのすばらしさを具体的な言葉できちんと表現する必要があります。

> ヨーロッパの街並みは、景観保護条例でしっかり守られているため、どこを写真で撮っても、一枚の絵はがきになりそうな気品ある統一感が街全体にある。

ここまで詳しく書きこめば、ヨーロッパの街並みのすばらしさが読み手にも伝わるものになるでしょう。

④この世界はすばらしい。

この世界は、すばらしいことばかりではありません。

それでも、「この世界はすばらしい」と感じられる人は、きっと幸福感で満たされているのでしょう。それは「すばらしい」ことですが、そうした盲目的な幸福感を文脈なしに読み手が共有するのは難しそうです。

> 大好きな人に出会えたとき、この世界のすべてが光り輝いて見えたような気がした。

とすれば、盲目的な幸福感は失われますが、書き手の置かれた状況がより客観的に捉えられ、読み手にもその状況がより的確に伝わるでしょう。

3.2
内面の感情・感覚を分析する

「かわいい」「すばらしい」はおもに外面を表す描写の形容詞でした。今度は、内面を中心に表す感情・感覚の形容詞を考えてみましょう。

まずは、感情の形容詞から**「怖い」**を取りあげます。「怖い」もかなり意味の広い形容詞です。そのことをまずは練習問題で確かめてください。

問3 ①〜⑧の「怖い」を、別の言葉で表現してください。

①幽霊が怖い。
②飛行機が怖い。
③寝るのが怖い。
④長時間労働は怖い。

⑤プリンに醤油をかけて食べるヤツがいたら**怖い**。

⑥甘いものを食べて痩せようと思うところが**怖い**。

⑦仕事がうまくいきすぎて**怖い**。

⑧自分の才能が**怖い**。

「怖い」というのは、本来**会いたくない対象にたいして使う言葉**です。その背後には、「襲われる」「怒られる」などといった身の危険を避けたいという気持ちがあります。

①**幽霊が怖い**。

というのは、「地震が怖い」「ゴキブリが怖い」というのと同様に、「遭いたくない」という意味の典型的な用法でしょう。したがって、

🗙 幽霊に遭いたくない。

と表現すれば、ぴったり来る感じになります。

83

②飛行機が怖い。

というのも①に近いですが、「幽霊」「地震」「ゴキブリ」といった遭遇の対象というよりも、**実際に体験したときの怖さ**でしょう。もちろん、「怖いから乗らない」人もいるかとは思いますが、「乗るのが怖い」人でも、海外に行くときは仕方なく乗ると思います。私自身も「飛行機が怖い」タイプで、離陸・着陸のときの怖さはいまだに慣れません。**ある種の苦手意識**があるのだと思います。したがって、

> 飛行機が苦手だ。

と言い換えることが可能でしょう。もちろん、「できれば飛行機に乗りたくない」でもかまいません。

③寝るのが怖い。

という人がいます。寝ると、別の世界に連れて行かれ、二度とこの世界に戻ってこられないような不安があるようです。「死ぬのが怖い」というのは人間が誰しも思うことでしょうが、それ以外にも「年を取るのが怖い」「家

に帰るのが怖い」「人と会うのが怖い」など不安は絶え
ません。これらに共通しているのは、そうなったとき、
何が起きるかわからないことに不安を感じているという
ことでしょう。したがって、③は、

> 😊 寝たら、そのあと何が起きるかわからないのが不安だ。

と言い換えられそうです。「幸せになるのが怖い」「恋を
するのが怖い」という人もなかにはいます。これは「傷
つくのが怖い」ということなのかもしれません。人間は
複雑にできているものです。

　④**長時間労働は怖い。**
というのは、**リスクを伴う感覚**です。長時間労働は心身
ともに病むおそれがあり、過労死に至ることさえありま
す。その意味で、

> 😊 長時間労働は心身をじわじわと蝕む。

と言い換えられるでしょう。「タバコは怖い」というの

も同様の理由でしょうし、サッカーで「接触プレーは怖い」というのは大きな怪我につながり、深刻な場合は選手生命を断たれるおそれもあるからでしょう。勝負事、たとえば麻雀で「この局面でドラ切りは怖い」、あるいは投資で「下がりはじめた株を買うのは怖い」といった「怖い」もリスクを伴う怖さです。

　⑤プリンに醤油をかけて食べるヤツがいたら怖い。
は、いたら恐怖を覚えるということから「ありえない」という意味になります。そこから、

> プリンに醤油をかけて食べるヤツなどまずいない。

と言い換えられます。ただ、実際に挑戦する人はいるようで、ウニの味がするのだそうです。ほんとうかどうかはわかりませんが、キュウリにハチミツをかけるとメロンの味がするというのと似た感覚でしょうか。「スカートをはいているおじさんは怖い」「オネエ言葉の幼児は怖い」といったものも同タイプの例で、漫才で「そんなヤツおったら怖いやろ」とツッコまれそうなありえない

ものです。

⑥甘いものを食べて痩せようと思うところが怖い。

は、自分とは異なる突飛な発想や行動に恐怖を覚えることから、**「無理がある」「信じられない」**という感覚につながります。

> 🔴 甘いものを食べて痩せようと思うところ｛に無理がある／が信じられない｝。

「努力すれば何でも叶うと信じているところが怖い」「ペットに同級生の名前をつけるという発想が怖い」「自分が正しいと思いこんでいる人の行動が怖い」のように、**端から見ていて信じられないことへの評価**に使い、最近では**「痛い」**という形容詞が使われることも増えてきています。

　怖さは悪いことにばかり使うとはかぎりません。よすぎることにたいしても使います。

⑦**仕事がうまくいきすぎて怖い。**

は**順調すぎることにたいする不安**です。「株が儲かりすぎて怖い」「勝負事で勝ちすぎて怖い」など、トントン拍子で物事が運ぶと、とくに苦戦を予想していた場合、不安がよぎるものです。もちろん、よい結果自体に不安があるわけではなく、どこかに落とし穴があったり、よい結果が続かなかったりすることにたいする不安と考えられるでしょう。

> ⓥ 仕事がうまくいきすぎて、いつか失敗するのではないかと不安だ。

と言い換えることができそうです。

　プラス評価では、自己の**才能の高さにたいする不安**を表す場合にも使います。

⑧**自分の才能が怖い。**

　全国模試で一位を取ったり、一週間で書きあげた小説で芥川賞を受賞したりしたら、「自分の才能が怖い」と思うのかもしれません。優れた能力を持つ人は、「プロ

並みの自分の料理の腕前が怖い」「レーサーとしての己の速さが怖い」「自分で自分の美貌が怖い」と思うことがきっとあるのでしょう。

言い換えとしては、

> 自分の才能が自分でも心配になるくらい優れている。

ということになりそうです。

感情の形容詞「怖い」につづいて、今度は感覚の形容詞「**（肩が）重い**」を取りあげます。より一般的には**「肩が凝っている」**と言います。しかし、「肩が重い」「肩が凝っている」のいずれにせよ、肩こりという体内の違和感をきめ細かく表せた気がしません。この表現ではありきたりすぎて、病院に行って自分の病状を説明するときや、インターネットで自分の気になる症状を調べるときに不十分でしょう。どうすれば、こうしたありきたりの言葉から自由になれるのでしょうか。

問4 「肩が重い」に代わるひどい肩こりを表す言葉を、可能なかぎりたくさん考えてみてください。

　ここでは、「肩が重い」に代わって、どのような表現が使えるのか、表現の種類の広がりを考えます。

　まず、「肩が重い」という表現を**別の形容詞で言い換え**てみましょう。

> 肩がだるい。
> 肩がしんどい。
> 肩がつらい。

などと言い換えることが可能です。これは第1章で学んだ**「別の形容詞で言い換える」**方法です。

　形容詞の代わりにオノマトペ（擬音語・擬態語）を使うのも効果的です。オノマトペは体内感覚を感性的に表すのに向いています。

> 🔵 肩がパンパンだ。
> 🔵 肩がバリバリだ。
> 🔵 肩がガチガチだ。

などが考えられます。「パンパン」が肩に強い張りがある感じ、「バリバリ」は肩を動かすだけで痛みを覚える感じ、「ガチガチ」は肩が凝りかたまった頑固な肩こりを連想させます。これは第2章で学んだ**「オノマトペで言い換える」**方法です。

　基準を示すという方法もあります。血流を測定する機械で測定し、数値を出すこともできるかもしれませんが、

> 🔵 肩の筋肉が手の甲と同じくらい硬い。
> 🔵 肩が、どこか硬いものにぶつけたように痛い。

でも十分客観的に伝わります。これは第4章で学ぶ**「基準を示す」**方法です。

　肩こりの原因を示すことで、肩こりの様子をより詳しく説明する方法もあります。

> - 同じ姿勢を続けたせいで肩がこわばった。
> - ガラケーからスマホに変えたら肩に来た。

これは第5章で学ぶ**「背景を説明する」**方法です。

　肩こりの結果として起きている症状を詳しく説明することで、「肩が重い」ということを想像させることも可能です。

> - 肩甲骨が固まってしまって腕が上がらない。
> - 腕を少し動かすだけで肩がゴキゴキ鳴る。

これは第6章で学ぶ**「事実で感覚を示す」**方法です。

　形容詞の場合、対になる表現があることが多いので、対になる表現を否定する方法があります。たとえば、「重い」ということを言うのに、「軽い」を否定する方法があるわけです。「肩の感覚がない」のように「軽い」を使わない否定表現もありえます。

> ⓧ いくらマッサージをしても、いっこうに肩が軽くなら
> ない。
> ⓧ いくらストレッチをしても、肩に血が通っている感覚
> が戻らない。

これは第7章の**「否定表現を使う」**方法です。

　かなり凝った表現法として、肩こりというネガティブ
な現象をあえてポジティブに表現する方法もあります。

> ⓧ パソコンを毎日見ているおかげで、肩がすっかり硬
> くなった。
> ⓧ 両肩にずっしりとのしかかる重みを今日もじっくりと
> 味わう。

これは第8章で学ぶ**「皮肉を用いる」**方法です。

　肩が重い様子を、比喩を使って別のものにたとえ、イ
メージ豊かに描く方法も有効でしょう。

> - 肩が錆びついて動かない。
> - 肩が悲鳴を上げている。

これは第9章で学ぶ「**比喩でたとえる**」方法です。

　このように発想を広げる方法さえわかれば、形容詞による単調な表現を多様な表現で言い換えることが可能になります。

> 問5　「**肩が軽い**」に代わる肩こり解消を表す言葉を、可能なかぎりたくさん考えてみてください。

　「肩が重い」で考えた方法を応用してみましょう。その結果をずらっと並べますので、参考にしてください。

- 肩が楽になった。
- 肩が気持ちよくなった。

  （「別の形容詞で言い換える」方法）

- 肩のしびれがスッキリした。
- 肩の痛みがすっとした。

  （「オノマトペで言い換える」方法）

- 肩がふくらはぎと同じくらい軟らかい。
- 肩の重さがマッサージ前の半分以下になった。

  （「基準を示す」方法）

- 肩甲骨はがしのストレッチが効いた。
- 帰宅後風呂にゆっくり浸かるようになって

  肩こりが改善した。

  （「背景を説明する」方法）

- 肩の可動域がずいぶん広がった。
- 肩の筋が緩んで、血行がよくなった。

  （「事実で感覚を示す」方法）

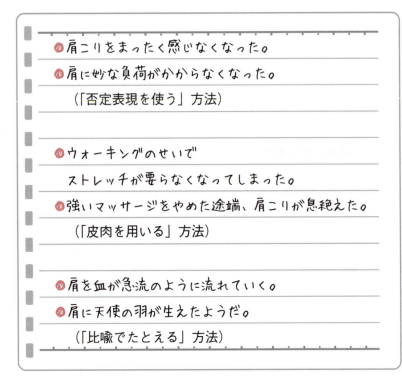

　第2部でも第3部でも、形容詞を別の表現で表すこうした方法をご紹介していきますが、そこでの基本は、「かわいい」「すばらしい」「怖い」「(肩が) 重い」「(肩が) 軽い」といった形容詞に共通する直感的な表現から離れ、対象をきちんと見つめ、それを具体的に丁寧に描写していくことに尽きています。

自分で文章を書いていて、形容詞の使いすぎに気づいたら、その形容詞を削除して、具体的に丁寧に描写するとどうなるのか、ぜひ考える習慣をつけてください。一つの動詞で表現できなければ、二つ、あるいは三つの動詞をつなげて表現するのもよいでしょう。動詞で力強く表現する力を身につけること、それが本書の最終目標です。

★Point★
形容詞のかわりに動詞で具体的に描写すると、表現が力強くなる

第2部

自己中心的な発想を排する

主観的表現から客観的表現へ

第4章

明確な基準を示す
［数量化］

（「多い」「さまざま」の
相対性を避ける）

"多い"は少ない!?

具体的な数を伝えると、
具体的に考えられる

4.1
「多い」「少ない」に気をつける

学生が書く論文・レポート、社会人が書く企画書・報告書、いずれも事実を正確に伝えなければならない文章です。こうした文章のなかで、できるだけ使用を控えたほうがよい表現があります。それは、**「多い」「少ない」**です。

> **問1** 次の①〜③で、休みが多いこと、人が少ないことが、より明確に伝わるように文を書き換えてください。
>
> ①うちの近所の焼き鳥屋は休みが多い。
> ②早朝の羽田空港は人が少なかった。
> ③東京で暮らす外国人は多い。

①「休みが多い」というのは、どのくらいの頻度でしょうか。週1回の定休日にたまたま2回続けて行っただけで、「休みが多い」と感じてしまうのが人の常ですが、それではあまりにも主観的でしょう。

ほんとうに休みが多いのであれば、

> ● うちの近所の焼き鳥屋は週3日営業で、店が開いている日よりも閉まっている日のほうが多い。

と書けば、**事実に基づいた記述で確実**です。これならば、読んだ人はその店の休みが多いことを実感できるでしょう。

②の羽田空港の例も、人数を数えるわけにはいかないでしょうが、

> ● 早朝の羽田空港は人が少なく、いつもは行列ができる保安検査場にも誰も並んでいなかった。

のように、人が少ないと判断した**客観的な基準**を添えれば内容が的確に伝わります。

「多い」「少ない」というのは**主観的**な問題だけではな

く、**相対的**な問題でもあります。そのため、全体における割合や他の集団との比較が重要になります。

> 東京で暮らす外国人は多い。東京都生活文化局のウェブサイトによると、全国で暮らす外国人の約20%が東京に住んでおり、総人口における在住外国人の割合が3%を超えている都道府県は東京都だけである。

　多いという表現には幅があります。東京で暮らす外国人が多いと言っても、ニューヨークやロンドンほどではないでしょう。上掲の文を見てもわかるように、日本国内で圧倒的に多いということです。このように全体にたいする**割合**や他の集団との**比較**によって初めて「多い」ということの実態がわかります。

　とくに気をつけたいのが、決議に関わる「多い」「少ない」です。

● マンションの大規模修繕を決める団地の総会で、修繕に賛成する人が多かった。

という主観的な表現ではだめで、

> ⊘ マンションの大規模修繕を決める団地の総会で、修繕に賛成する人が<u>過半数を占めた</u>。

としなければなりません。過半数が、決議の成立を決める分水嶺だからです。同様に、

⊘ マンションの建て替えを決める団地の総会で、建て替えに賛成する人がきわめて多かった。

もだめで、

> ⊘ マンションの建て替えを決める団地の総会で、建て替えに賛成する人が<u>9割を占めた</u>。

としないと意味をなしません。大規模修繕は過半数でよいのですが、「マンション建替円滑化法」では、建て替えの場合は5分の4以上の賛成を必要とするからです。

105

4.2

「さまざま」「いろいろ」に気をつける

問2　次の①の下線部「さまざま」と②の下線部「いろいろ」の内実を考えてください。

①ホテルを選ぶときは、さまざまなポイントを検討する必要がある。
②ラーメン店に行くと、いろいろなトッピングが選べる。

　大学院生時代、大学受験のための小論文指導をアルバイトでしていたことがあるのですが、小論文を添削するときに悩まされたのが「さまざま」「いろいろ」でした。
　与えられたテーマについて深く考えていなくても、「さ

まざまな問題」「いろいろな見方」などと書けば、もっともらしい文章に仕上がります。それで、多くの受験生は満足してしまいがちです。

しかし、その文章がほんとうに力のあるものかというと、そうなっていないことが多いのが現実です。抽象的な表現は抽象的なままでは力を持ちません。抽象的な表現と具体的な表現を往復することで、初めて表現としての力を得るのです。一般的な内容を書くときにはかならず**具体的な表現を添える**ことが、**文章の説得力を上げる秘訣**と言ってもよいでしょう。

たとえば、旅行に出かけるとき、みなさんはどのような観点で、ご自身が宿泊するホテルを選ぶでしょうか。たとえば、部屋であれば、部屋の広さ、ベッドのタイプ、禁煙かどうか、写真による見た目が重要です。また、食事の有無、和食か洋食か、夕食が部屋食かどうか、朝食がブッフェスタイルかどうかなども選ぶポイントになりそうです。さらには、トータルの料金、最寄り駅からのアクセス、チェックインとチェックアウトの時間、宿泊者の評価なども参考にするでしょう。これらをすべて盛りこむと、かなりの量になりますが、厳選するならば、

次のようにできるでしょうか。

> 🔴 ホテルを選ぶときは、<u>部屋の広さやベッドのタイプ</u>、<u>朝食が和食か洋食か</u>、さらには<u>トータルの料金や最寄り駅からのアクセス</u>など、さまざまなポイントを検討する必要がある。

こうすれば、「さまざま」に明確な内実が付与され、文章としての**説得力**がぐんと高まります。

もう一つ、ラーメンのトッピングの例についても見てみましょう。最近では、ラーメンの具と言わず、トッピングと言うことが増えてきました。定番のチャーシュー、ネギ、メンマに加え、とろっとした食感がたまらない半熟卵、家系ラーメンに欠かせないノリ、庶民の味方の野菜であるモヤシ、緑が鮮やかなホウレン草、とんこつスープと相性のよい紅ショウガなど、どんぶりのなかはじつに華やかです。それらを一つの文に、トッピングを並べるように、すべて載せてしまいましょう。

> ラーメン店に行くと、<u>チャーシュー、ネギ、メンマ、半熟卵、ノリ、モヤシ、ホウレン草、紅ショウガなど</u>、いろいろなトッピングが選べる。

　こうすることで「いろいろな」の裏付けが取れ、読み手が具体的なイメージを思い浮かべられるようになり、表現に力が生まれます。

4.3 数量の副詞「おおぜい」「たくさん」に気をつける

　数字をぼかし、あいまいにする表現は「**多い**」「**少ない**」「**さまざまな**」「**いろいろな**」といった形容詞だけではありません。副詞にもそうしたあいまい表現が多数存在します。と書いたとき、この「**多数**」もその仲間であることに気づきました。トータルでいくつあるかわからないが、瞬時に数えることができないときに、自然に出てきてしまう表現です。

問3 次の①〜③の下線部「おおぜい」「たくさん」「多少」の量がどのくらいか、考えてください。

①冬の湘南の海を見やると、寒いなか、サーフィンにいそしむ若者がおおぜいいた。
②冷蔵庫には、野菜がたくさん入っている。

③アパートは多少古くても、家賃が安いほうがいい。

①冬の湘南の海を見やると、寒いなか、サーフィンにいそしむ若者がおおぜいいた。

①「おおぜい」は主観的でしょう。海水浴のために、夏の湘南の海を訪れる「おおぜい」と、冬の湘南の海で波と戯れる「おおぜい」は人数が違うはずです。前者は「芋を洗うほど」と評されるような無数の海水浴客を想起させますが、後者はそれにくらべたら、かなりまばらでしょう。ですから、冬の海のサーファーであれば、できれば具体的な人数を数えて示したほうが、「おおぜい」の感覚が伝わると思います。

②冷蔵庫には、野菜がたくさん入っている。

②「たくさん」というのは、量なのか、種類なのか、それだけでは判断が難しいところです。キャベツとナスばかり野菜室いっぱいに入っていても「たくさん」でしょうし、キャベツ、ナス、キュウリ、トマト、ニンジン、ブロッコリ、小松菜など、一つ一つは少量でも種類が多

111

い「たくさん」もあるでしょう。そう考えると、「たくさん」は伝わるようで伝わらない言葉です。前者の「たくさん」ならば、

> 冷蔵庫には、田舎から送られてきたキャベツとナスが野菜室にぎっしり入っている。

と表現すればイメージできますし、後者の「たくさん」ならば、

> 冷蔵庫には、キャベツ、ナス、キュウリ、トマト、ニンジン、ブロッコリー、小松菜など、10種類近い野菜が入っている。

と表現すれば、伝わります。

③アパートは多少古くても、家賃が安いほうがいい。

「多少」というのも、じつは微妙な表現です。古いアパートでいいと言われて紹介したアパートが「古すぎるから嫌」と拒否されることも少なくありません。「多少」のさじ加減は人によって異なります。ですから、入居の条件をはっきりさせるには、「築15年以内ならば」と条件を限定して伝えたほうが確実です。実際には、築13年であっても古びたアパートもあれば、築30年であってもこぎれいなアパートもあるでしょうが、短時間で確実に物件を絞りこむ場合、不動産屋に提示する条件は明確なほうが確実です。

問4 ①の下線部「ほとんど」、②の下線部「よく」、③の下線部「めったに」の頻度がどのくらいか、考えてください。

①人と話すのが大好きな母は、休みの日は、<u>ほとんど</u>外出している。

②娘の担任の先生は、<u>よく</u>子どもの様子を書いた手

第4章 明確な基準を示す［数量化］

❖ 113 ❖

紙をくれる。

③父は<u>めったに</u>家族を外食に連れて行ってくれない。

頻度を表す副詞というのがあります。頻度の高い順に示すと、

> いつも＞ほとんど＞よく＞しばしば＞
> ときおり＞たまに＞めったに＞まったく

となります。しかし、「**いつも**」＝100％、「**ほとんど**」＝90％、……、「**めったに**」＝10％、「**まったく**」＝0％になるかというと、そうでないところが言語表現の不思議なところです。「**いつも**」にはかならず例外があるものですし、数回連続しただけで「**ほとんど**」と表現されることもしばしばです。「**めったに**」と言っても、話し手の期待値が大きすぎるだけで、案外頻度が高いことがありますし、「**まったく**」にもまた「**いつも**」と同様に例外が潜んでいます。

　私たちは自分の言葉を強く伝えたいと思って、強い意

味の言葉を選ぼうとする習性があります。頻度の副詞の選択では、とくにその傾向が強く見られます。しかし、そうした不正確な言葉の選択は、かえって言葉の力を損ね、ひいては書き手にたいする信頼を損ねてしまいます。

　①の外出するのが好きな母は、ほんとうに90％の頻度で外出しているでしょうか。外出の場合、「ほとんど」と言うには、低く見積もっても４日に３日、75％以上は必要ではないでしょうか。もしそれに満たない**２日に１日**ぐらいであれば、「ほとんど」とは言いにくく、「**よく**」でよいように思います。

　また、②の筆まめの先生はすばらしい先生だと思いますが、ほんとうに「よく」、すなわち「しょっちゅう」と言えるレベルでしょうか。手紙の頻度は外出の頻度とは違いますので、２日に１回ではなく、１〜２週間に１回手紙をくれれば「**よく**」と言っても問題なさそうです。ただ、１〜２ヶ月に１度ぐらいになると、「**ときおり**」、すなわち「ときどき」のレベルになるように思います。もしそのぐらいの頻度であるなら、そう表現したほうが

115

よいでしょう。それでも、先生の思いやりは十分に読者に伝わるはずです。

さらに、③のお父さんは、たしかにふだんあまり家族を顧みないお父さんかもしれませんが、「**たまに**」気が向いたら食事に連れて行ってくれるのではないでしょうか。月に１回、いや２〜３ヶ月に１回でも、仕事で疲れているなかで家族サービスを考えてくれるお父さんならば、「**めったに〜ない**」という否定による非難の語調を弱めて、

> 🖊 父は**たまに**、家族を外食に連れて行ってくれる。

と書いてあげてもよいのではないでしょうか。副詞の頻度は正確な数値に基づくものではなく、心のなかの期待値と現実のギャップを表す主観的な表現であるため、つい強意の方向に進んでしまうものです。副詞を表出するときには、クールな頭で正確な頻度を計算し、そのうえで対処する心がけが大切だと思います。

4.4 数量の名詞「数〜」「いくつか」に気をつける

問5　次の①〜③の下線部「数名」「数匹」「いくつか」が具体的にいくつあるか、考えてみてください。

① 留学生は<u>数名</u>ずつのグループに分かれ、広島県内の農家にホームステイした。
② その防波堤で一日粘って、30cmのクロダイ1匹と小アジを<u>数匹</u>釣りあげた。
③ 恐竜の絶滅した理由は、隕石衝突説をはじめ、<u>いくつか</u>存在する。

「数名」「数匹」「いくつか」のような語は、情報を伝えるさい、どうしてもあいまいになりがちです。調査や確認をしなくても書けるため、書き手にとっては便利な形式ですが、読み手にとっては正確な数字がわからないので負担です。文章を書く基本が「読み手に優しく」であることを考えると、できるだけ避けたほうがよいでしょう。

①留学生は数名ずつのグループに分かれ、広島県内の農家にホームステイした。

①ですが、数名ずつだとはっきりしません。通常は**数名は2〜3名**で、多い場合だと4〜5名ぐらいでしょうか。その意味で幅のある表現です。より明確にするなら、次のように具体的な数字を示したほうが親切でしょう。

> ●留学生は2〜3名ずつのグループに分かれ、広島県内の農家にホームステイした。

②その防波堤で一日粘って、30cmのクロダイ1匹と、小アジを数匹釣りあげた。

②ですが、小アジなのでさほど価値がなく、数匹とぼかしたのかもしれません。それはそれでありうる考え方ですが、読み手にそのときの状況をより明確に想像してもらうなら、次のように、小アジの数字を示したほうが、読み手が心のなかで絵を描きやすくなります。

> ❶ その防波堤で一日粘って、30cmのクロダイ1匹と、小アジを<u>5匹</u>釣りあげた。

③恐竜の絶滅した理由は、隕石衝突説をはじめ、いくつか存在する。

恐竜の歴史にロマンを感じる人は少なくありません。恐竜が絶滅した理由を考える場合、科学的に信憑性の高い説から、トンデモ説までいろいろあります。それを「いくつ」と具体的な数字で限定することは難しいかもしれません。しかし一方、それを安易に「いくつか」とぼかしてしまうのも問題でしょう。自分なりに調べて、

どこまでが科学的に信憑性がある説であり、どこからが怪しい説なのか線引きをして、次のように書くのがよさそうです。

> ⚫ 恐竜の絶滅した理由は、隕石衝突説をはじめ、科学的に有力だと見られる説が<u>三つほど</u>存在する。

問6 「若干名」は何名を表すのでしょうか。「数名」とどう違うのでしょうか。考えてください。

　「若干名」が使われるのは、おもに何かの募集のときです。大学・大学院の入試や企業の採用のときに見かけることがあります。

　「若干名」は**「数名」よりも幅が広い**と考えられます。少ないほうで考えると、「数名」の場合、複数が前提となりますが、「若干名」の場合は1名のこともあります。ふさわしい応募がなければ、ゼロのこともあるかもしれ

ません。「数名」はすでに見たように、通常は２〜３名でしょう。

　一方、多いほうで考えると、「数名」は多くても４〜５名のことが多いでしょうが、「若干名」は10名近い場合もあります。常識的でないかもしれませんが、留学生に人気のある国立大学では、留学生の学部募集において、若干名の募集にたいし、合格者は二桁が普通です。留学生は定員外なので、人数を明示して募集することができないのですが、優秀な学生が応募してきたら、10名を超えてでも合格させてきた歴史があるわけです。

　そう考えると、若干名というのは、募集するがわの論理の表れであり、いい人が来ればたくさん合格・採用するし、適当な人が来なければ合格・採用しないということです。つまり、合格・採用するがわのさじ加減ですべてが決まります。しかし、「若干名」の場合、不快に感じる人が少ない理由は、「若干名」にはそれだけ魅力的な募集であるという付加価値があるのでしょう。

　「若干名」というのはいわば「大人の事情」であり、「若干名」という数字を見たときは、読み手のがわは、過去の実績などを考えて、倍率を主体的に絞りこんでい

第４章　明確な基準を示す［数量化］

121

くことが求められます。

しかし、こうした示し方は「大人の事情」であるにせよ、応募者にたいして失礼な面があるのは確かです。程度をぼかした形容詞・副詞に頼ることは最低限にし、**やむをえない事情がある場合をのぞき、可能なかぎり具体的な数値を示して基準を明らかにすること**が、書き手のがわに求められるマナーだと思います。

以上見てきたように、「多い」「さまざま」「たくさん」「いくつか」などは、数量を表しているようで、じつは正確には表していません。書き手の主観的な基準に基づいて、ざっくりと表現しているにすぎません。その結果、読み手に数量が正確に伝わらず、誤読の原因になります。とくに、論文・レポートといったアカデミック文書、企画書・報告書といったビジネス文書は厳密さが必要なジャンルですので、そこでの使用には細心の注意を払うことが大切です。

★Point★
数や種類、頻度は具体的に述べたほうが説得力が高まる

第2部

自己中心的な発想を排する

主観的表現から客観的表現へ

第5章

事情を加える
［背景説明］

（「忙しい」「難しい」の
根拠不足を避ける）

「断る」って難しい!?

断る言葉に困るときは、
理由を言うと、受け入れられる！

5.1
「忙しい」には理由を添えて

　私たちは、人から誘われて、その誘いに応じたくないときに**「断る」**という意思表明をしなければなりません。しかし、この「断る」という意思表明がやっかいです。「断る」ことはたがいの信頼関係にひびを入れかねないからです。

　「断る」場合、もっとも安全なのは、**自分としてはできれば誘いに応じたいのだけれども、事情が許さないという表現の仕方をする**ことです。もちろん、実際に事情が許さないこともあるでしょうし、たとえ、自分自身が気乗りしないことでも、気乗りしないという本音を出すと人間関係がギクシャクしますので、避けたほうが賢明です。

　事情が許さないという表現の仕方にするためには、具体的な事情を相手に伝えて、そこから断るという流れを作ることです。まずは、**「忙しい」**という理由を盾に、

相手の誘いを断る場合を考えてみましょう。しかし、単に「忙しい」だけでは、「忙しいことはみんな同じ」で済まされてしまいますので、きちんと事情を示す必要があります。

問1 お世話になっている上司から「今晩二人で一緒に飲まないか?」というメールが来ました。その誘いに気が乗らないので、「忙しい」ことを理由に断ろうと思います。「忙しい」という言葉を出さずに、忙しい事情を伝える返信を書くときに、どのような事情を示せばよいでしょうか。事情を説明する言葉を考えてください。

事情は相手を見て考えます。

というのも、相手はかならず、自分の誘いの内容と、あなたの示す事情とを天秤にかけるからです。そして、天秤にかけた結果、あなたの示す事情のほうが重いことに相手が納得できて初めて、相手はあなたの断りを素直

に受け入れられます。ですから、うっかり「どうしても見たいテレビ番組があるので、今日は帰らせてください」などと書こうものなら、「俺の誘いより、録画できるテレビ番組のほうが重要なのか」と解釈されて上司との信頼関係にひびが入り、のちのち気まずいことになります。

　上司の誘いを断る場合、もっとも安全なのは、**仕事を理由にすること**です。たとえば、

> 締め切り間際の仕事を抱えているので、残業をしなければならないのです。

と書けば、上司は納得してくれるでしょうし、

> 業務で必要な資格試験が今週末に控えているので、今日は帰って勉強に集中します。

というのも、上司としては納得せざるをえないでしょう。

> 明日の会議資料の準備ができていないので、今日は難しいです。

も大丈夫でしょうが、かなり前から決まっていた会議であれば、なぜもっと早くから準備しておかなかったのかという上司の不満も出るかもしれません。仕事を理由に上司の誘いを断る場合、自分の業務能力の査定にもつながりかねない点は注意が必要でしょう。

やむをえない理由として考えられる二つ目は、**健康上の理由**です。よくあるのが「**体調不良**」という理由です。

● 体調不良でうかがうことができません。

プライバシーもありますし、必要以上に個人情報を言わないほうがよいという時代の流れもありますので、「体調不良」は悪い言い方ではないかもしれません。しかし、便利な言葉で、安易に使われすぎるマイナス面もあり、賛否が分かれる表現です。私自身は、誠意を欠くような気がして、あまり好きになれない言葉です。**要注意表現の一つ**と考えられるでしょう。

次のような表現はどうでしょうか。

> ● クーラーの当たりすぎでおなかを壊したみたいで、今日は遠慮させていただきます。

少々恥ずかしい表現で、女性が使う場合は抵抗があるかもしれませんが、この事情を言われて、それでも誘いを強要する人はまずいないでしょう。また、

> ⊗明日は人間ドックの検診なので、今日は控えておき
> ます。

はまったく問題ないと思いますが、万一ウソだったら大
変なことです。当然のことですが、ウソにならない理由
である必要があります。

　やむをえない理由の三つ目は、**家族の理由**です。「体
調不良」と並びよく使われるのが「**家庭の事情**」です。

⊗**家庭の事情**でうかがうことができません。
　これも、「体調不良」と同じで、便利な言葉ではあり
ますが、安易に使われる傾向がある両刃の剣の表現で
す。可能であれば、もう少し踏みこみたいところです。

> ⊗今日は私が娘を保育園に迎えに行く当番になってい
> まして。

　こうした子育てにかんする理由は、近年社会的に容認
されつつあるので、問題を招くことは少ないでしょう。

❊ **131** ❊

独り身の人がよく使うのが、

> 🔹 家族が上京してきておりまして。

のような理由です。家族の場合は問題ないのですが、

🔹 友人と先約がありまして。

は上司の受けはやや悪いかもしれません。上司の誘いより友人の誘いを優先して当然という含意があるからです。

　もちろん、先約を優先するのは社会的な常識で、それを悪く受け取る上司のほうに問題があるのですが、二つの事情を比べて天秤にかけられるという断りの理由の性質上、

> 🔹 久しぶりに会う友人から大事な相談があると言われまして。

ぐらいに言っておいたほうが、友人と会うことの重要性が伝わり、トラブルになりにくそうです。

　なお、**自分の努力で都合をつけられることは、断る理**

由としては**不適切**なことが多く、避けたほうがよさそうです。

- 今日はうちに帰って家の片付けをすることになっていまして。
- 宅配業者の荷物の受け取りを夜の時間に設定してしまいまして。
- 先月から自動車教習場に通いはじめまして。

あたりだと、納得してくれる人もいるかもしれませんが、人によっては感じが悪いと受け取ることもありそうです。

5.2
「難しい」にも理由を添えて

　ここまでは断る事情として「忙しい」に代わる表現を考えてきましたが、ここからは**「難しい」「厳しい」**（つまり「できない」）に代わる表現を考えてみましょう。たとえば、保険会社に勤めている知り合いから保険を勧められたケースを考えてみます。保険に入らない場合は、入らない理由を添えないと相手は納得してくれません。

> **問2**　かつて付き合いのあった友人から生命保険への加入を勧誘するメールが届きました。そろそろ生命保険に入ろうと思っていた時期でしたが、いくつかの会社の保険を比較し、じっくり調べてから入ろうと思っていたので、今回は断ろうと思います。どのように断ったらよいか、断りの言葉を考えてください。

保険に勧誘されて断る場合、もっとも断りやすいのは**「必要がない」**というきっぱりとした返答です。

現時点であまり付き合いのない友人であり、ウソがばれることも考えにくければ、

> 生命保険は確率的に加入者が損になるようにできているので、ポリシーとして加入しないことにしています。

と書くのは一法でしょう。

もう一つ、ウソでよければ、**「すでに入っている」**というのも有効です。

> 家族に保険会社勤務の者がおり、すでにそちらに加入しているので。すみません。

ただ、ウソをつくのも気が引けますし、きちんと事情を書いて断るとしたら、どうしたらよいでしょうか。

意外に思われるかもしれませんが、正直に事情を書く

のがよい方法です。

> ちょうど今、生命保険への加入を検討中なのですが、多数の会社の保険を比較して考えたいので、保険ショップで相談するつもりです。

　勧誘がしつこく続くように思うかもしれませんが、「資料を送ってくれれば参考にはするけれども、大事なことなので、自分で決めたい。」と正論を通せばよいと思います。正攻法が一番というのはよくあることです。
　また、かつての友人だからこそ、かえってそのツテで加入することに不自由さを感じることもあるでしょう。

> 保険加入時には、自分の経済状況や健康状況を知られることになり、とくに友人の場合、それを知られるのが苦痛なのです。すみませんが、見合わせることにさせてもらえませんか。

> 友人のツテで加入すると解約が難しくなりますし、友人から仕事として連絡が定期的にあるのも何だか寂しい気がするのです。なので、今回は遠慮させてください。

などという言い方もあるでしょう。いずれにしても、ビジネスに関わる事柄の場合、何に抵抗を感じているのかをはっきり述べ、自分の考えを率直に伝えるほうがうまくいくことが多いように思います。

5.3
センスのある遅刻の言い訳

遅刻は言い訳の王様です。遅刻しそうな場合、相手に「遅れます」メールを送ることが習慣になっている人も少なくないでしょう。そんなときに重要なのは、何分ぐらい遅れるかということを**正確に伝えること**です。それによって相手も対応を決められます。

それに加えて、遅れた理由を添えることも必要です。それが社会的なマナーであると同時に、遅刻する時間の幅を予測する材料にもなるからです。

> 問3　あなたがメールやLINEで送ったことのある「遅れる」理由について、思いつくかぎり挙げてください。

たとえば、よくある理由として

道路が混んでいるので、15分ほど遅れそうです。

というのがありますが、これは不十分です。

　書き手の自宅のそばが混んでいるのか、あるいは会社のそばや待ち合わせの場所のそばの道路が混んでいるのかもわかりませんし、バス、タクシー、自家用車のいずれに乗っているのかもわかりません。ようは、情報として不足があるということです。

> **駅から御社までのバス道路が渋滞していて、今国道20号に出たところですが、ここまで20分ほどかかりました。おそらく15分前後遅れそうです。**

ならば、事情を知る読み手は書き手以上に正確に到着時間を推測できるでしょう。

　人身事故などで復旧の見通しが立っていない場合でも、発生時刻がわかれば、その後の対策は取れるでしょうし、電車を間違えて反対方向に行ってしまったり、急行に乗ってしまって降車予定駅を通過してしまった場合でも、状況を正確に伝えることで相手の対応はずいぶん

楽になります。状況は可能なかぎり伝えたほうがよさそうです。

　公共交通機関の遅れの場合は書きやすいのですが、ときには書きにくい理由もありそうです。

● おなかを壊してしまい、トイレで格闘していたので、少々遅れます。

● 家族に急病人が出て、病院に連れて行くので、少々遅れます。

● はいていた靴のヒールが取れてしまったので、少々遅れます。

● ストッキングに伝線してしまって、コンビニに寄っていたので、少々遅れます。

　とくに後半の二つは女性にとっては恥ずかしい理由ですが、正直に書いたほうが、先方に「仕方がない」と思ってもらえる可能性が高まると思います。

また、遅刻する場合はこのような不可抗力ばかりでなく、自己責任のことも少なくありません。

🔴 朝寝坊して電車に1本乗り遅れたので、15分ほど遅れます。

　寝坊してしまうのは仕方がないと思うのですが、1本乗り遅れたぐらいで15分の遅刻は遅すぎるでしょう。つまり、約束の時間ギリギリに間に合うような電車に乗ろうと準備していたこと自体、だらしがない人だというレッテルを貼られかねません。

> 🔴 PASMOの入った財布を自宅に忘れて取りに戻ったので、15分ほど遅れます。

ぐらいにしたほうが、ひんしゅくを買いにくいでしょう。

　ただ、あまりごまかそうとするのは、よくありません。約束の場所にいるはずの時間に自宅にいて連絡を受けることもあるかもしれません。その場合は日を間違えていたとか、完全に失念してしまっていたなどと送って、平謝りするしかないと思います。

第5章　事情を加える［背景説明］

社会生活を送るうえで、断るときや失敗したときは、きちんとした理由を示す必要があります。

断る場合は、人間関係にひびが入る可能性がありますので、示す理由が読み手にとって納得できる理由であることが大切になります。

一方、失敗したときは、その後の事態の収拾や原因の究明ということがありますので、変に取り繕おうとはせず、隠さずに説明したほうがよさそうです。いずれの場合も、言い訳のように響くと、相手の怒りに油を注ぐ結果になりますので、読み手がどう受け取るかを意識しながらの**丁寧な背景説明が必要**です。

★Point★
「断る」「言い訳をする」ときには、相手の気持ちへの配慮が必要

第2部

自己中心的な発想を排する

主観的表現から客観的表現へ

第6章

出来事を用いる
［感化］

（「はかない」「せつない」の
感情表出を避ける）

"はかない"って
どんな気持ち？

"せつない"って
どんな気持ち？

"はかない"は…
　悲しくて寂しい。
"せつない"は…
　悲しくて寂しいかなぁ？

え〜！！
どっちも同じなの！？

"はかない" は…

"せつない" は…

似ているけれど、ビミョーに違う！

6.1
夏の風物詩に託して「はかなさ」を描く

ここまでは日常的な実用性を重視しながら説明してきました。本章では、そうした実用性からは少し距離を置き、事実の描写をとおして気持ちを伝えるという、やや高尚な文学的技法を検討してみましょう。高尚とはいえ、エッセイやブログなどで**自分の気持ちを書きたいときに役に立つ**実践的な技法です。

私はこの原稿を終わりゆく夏に書いています。大学教員にとって、夏は授業から解放されて研究に没頭できるよい季節です。一年で一番大事な季節と言ってもいいでしょう。そんなわけで、夏の終わりが近づくとはかなさを感じてしまいます。そんな自分の気持ちをＳＮＳで発信するときに、「はかない」と直接書かずに、夏の風物詩に託して書く方法はないでしょうか。

> **問1** 夏が終わる「はかない」気持ちを、「はかない」という形容詞を使わずに、夏の風物詩をとおして描写してください。

　夏の終わりは、周囲の環境の変化が教えてくれます。お盆休みも過ぎると、日が傾くのが早くなります。アサガオは咲かなくなり、ヒマワリは枯れはじめます。海水浴場にはクラゲが現れはじめ、子どもたちの足はプールから遠ざかります。夜になると、コオロギなど秋の虫たちが鳴きはじめます。

　私自身が夏の終わりを「はかなさ」とともに感じるのは、セミと花火です。

　夏の盛りに鳴いているのは、アブラゼミやミンミンゼミですが、夏の終わりに鳴きはじめるのは「オーシツクツク」と鳴くツクツクボウシです。この声を聞くと、夏が終わることを感じ、もの悲しくなります。

> 日中の暑い日射しとは対照的に、夜の風が少しずつ涼しくなるころ、ツクツクボウシが独特の声で去りゆく夏を惜しむように鳴きだすのを耳にした。

また、花火も、打ち上げ花火は夏の盛りを感じさせますが、小さい手持ちの線香花火は夏の終わりを感じさせてくれます。

> 去りゆく夏を惜しみつつ、大人4人で集まって線香花火をした。みんな子どもみたいにはしゃいでいたが、最後の1本の線香花火が牡丹、松葉、柳、散り菊と変わり、オレンジ色の玉がぽとっと地面に落ちたとき、4人とも言葉を失った。

こんなふうに、「はかない」という形容詞を隠しつつ、「はかなさ」を描写することで、言葉はより生き生きと伝わります。みなさんは**「はかない」**という形容詞をどんな情景で**描写**するでしょうか。

148

- 散りゆく桜の桜吹雪
- 点滅しながら飛び交うホタル
- 羽化してからすぐに亡くなるカゲロウ
- 空高く昇っていくシャボン玉
- すぐに溶けてしまう都会の初雪

　こうしたものに「はかなさ」を感じます。
　「はかない」という形容詞と一緒に使われやすいのは、「夢」「望み」「命」「人生」「恋」といった言葉です。

「はかなさ」を学ぶのにもっともよいテキストは、旧約聖書の「コヘレトの言葉」です。齢を重ねた知者コヘレトは、すべてのものは「空しい」と言います。

「コヘレトの言葉」は『聖書新共同訳』ではこんな言葉で始まります。「エルサレムの王、ダビデの子、コヘレトの言葉。コヘレトは言う。なんという空しさ／なんという空しさ、すべては空しい。」(1:1-2) この空しいという言葉は、口語訳では「空」、また、専門家によれば「はかない」と訳すことができる言葉だそうです。聖書のなかに無常観が渦巻いているわけです。

知者コヘレトの無常観は次の聖句に表れています。

かつてあったことは、これからもあり／かつて起こったことは、これからも起こる。太陽の下、新しいものは何ひとつない。見よ、これこそ新しい、と言ってみても／それもまた、永遠の昔からあり／この時代の前にもあった。昔のことに心を留めるものはない。これから先にあることも／その後の世にはだれも心に留めはしまい。(1:9-11)

知者コヘレトは知恵も知識も「はかない」と断じ、否定します。

> ⑩わたしは心にこう言ってみた。「見よ、かつてエルサレムに君臨した者のだれにもまさって、わたしは知恵を深め、大いなるものとなった」と。わたしの心は知恵と知識を深く見極めたが、熱心に求めて知ったことは、結局、知恵も知識も狂気であり愚かであるにすぎないということだ。これも風を追うようなことだと悟った。知恵が深まれば悩みも深まり／知識が増せば痛みも増す。（1:16-18）

　知者コヘレトは快楽に身を委ねますが、それも空しさを増すばかりでした。

> ⑩わたしはこうつぶやいた。「快楽を追ってみよう、愉悦に浸ってみよう。」見よ、それすらも空しかった。笑いに対しては、狂気だと言い／快楽に対しては、何になろうと言った。（2:1-2）

知者コヘレトは賢者にも愚者にも同じ運命が訪れ、正しい人も悪人も同じように裁かれることを嘆き、人間も動物も同じだというところに行き着きます。

- 賢者も愚者も、永遠に記憶されることはない。やがて来る日には、すべて忘れられてしまう。賢者も愚者も等しく死ぬとは何ということか。(2:16)
- わたしはこうつぶやいた。正義を行う人も悪人も神は裁かれる。すべての出来事、すべての行為には、定められた時がある。(3:17)
- 人間に臨むことは動物にも臨み、これも死に、あれも死ぬ。同じ霊をもっているにすぎず、人間は動物に何らまさるところはない。すべては空しく、すべてはひとつのところに行く。すべては塵から成った。すべては塵に返る。(3:19-20)

コヘレトは、富を享受できなかった金持ちも、飽き足りずに死んでいった老人も不幸だと嘆きます。

- ある人に神は富、財宝、名誉を与え、この人の望む
  ところは何ひとつ欠けていなかった。しかし神は、
  彼がそれを自ら享受することを許されなかったので、
  他人がそれを得ることになった。これまた空しく、
  大いに不幸なことだ。(6:2)
- 人が百人の子を持ち、長寿を全うしたとする。しか
  し、長生きしながら、財産に満足もせず／死んで葬
  儀もしてもらえなかったなら／流産の子の方が好運
  だとわたしは言おう。(6:3)

　しかし、コヘレトは、単に世の無常さを嘆いているわ
けではありません。すべて人間はいずれ死を迎える点で
は平等であり、その人生は神の支配のなかにあり、すべ
ては神の恵みによるものだと考えているのです。だから
こそ、すべてのことを神に感謝して、人生を楽しみなさ
いと言っているのです。

> さあ、喜んであなたのパンを食べ／気持よくあなたの酒を飲むがよい。あなたの業を神は受け入れていてくださる。どのようなときも純白の衣を着て／頭には香油を絶やすな。太陽の下、与えられた空しい人生の日々／愛する妻と共に楽しく生きるがよい。それが、太陽の下で労苦するあなたへの／人生と労苦の報いなのだ。(9:7-9)

芥川龍之介や太宰治らの文豪の作品にもその影響が垣間見える「コヘレトの言葉」。もし「はかなさ」について詳しく知りたい人がいるならば、ダビデの子、ソロモンに仮託して、いにしえの知者が語った「コヘレトの言葉」を熟読されることをお勧めします。

6.2
1枚の絵をとおして「せつなさ」を描く

✧ ✧ ✧ ✧ ✧ ✧ ✧ ✧ ✧ ✧ ✧ ✧ ✧ ✧ ✧ ✧ ✧ ✧ ✧

　「はかない」に似た意味の言葉に**「せつない」**があります。むなしい気持ちを表す点では「はかない」と同じですが、ニュアンスには大きな違いがあるようにも感じます。「せつない」はどのような状況を表す言葉でしょうか。そうした状況を考えるときのコツは、それを1枚の写真にしたときにどのようになるかを考えることです。頭のなかに1枚の写真の絵が浮かべば、それを描写すればよいことになります。

> **問2**　**「せつない」という形容詞が表す状況を1枚の写真で表すと、どんな状況が考えられますか。その状況を言葉にしてください。**

インターネットで検索すると、さまざまな「せつない」画像がヒットします。こうした「せつない」画像を言葉にすると、次のようになります。

- 病院の一室で、白い布をかぶせられてベッドに横たわる娘にすがりついて号泣する母親。
- 星条旗がはためくお墓のまえで立ちすくむ、お父さんを弔うために来たと思われる一人の幼い少年。
- 戦場とおぼしき場所で、外に放置されているピアノを一心に弾きつづける、銃を背負った軍服姿の兵士。
- 夏の高校野球の地区予選で、予想もしない逆転劇で負け、グラウンドに突っ伏してしまう高校球児。
- 向かいのロングシートには若い女性がたくさん並んで座るなか、誰も座らないロングシートの中央に一人で座る孤独な男性。
- 「原子力　明るい未来のエネルギー」という看板だけが掲げられる福島県のある街で、人が一人もいないなか、その看板をじっと見つめる一匹の犬。

「せつない」という言葉は、**取り返しのつかない状況に出会ったときに口にする言葉**です。もっとも深刻な「せつなさ」は最愛の人を失ったときの「せつなさ」で、「せつない」画像にお墓が多いのはその現れでしょう。

また、すべてを投げ打って、甲子園を目指して練習に打ちこんできた高校球児の敗戦も、猛練習のはてにメダルに手が届かなかったオリンピック選手の失敗も、大学合格を叶えようと努力を重ねた受験生の不合格も、「せつない」思いを抱かせます。

絵にはなりにくいかもしれませんが、何年も付き合った結果、別れることになってしまったカップルも、みんなで騒いだあとに一人で寂しく帰る帰り道も、失われた若さの象徴としての薄くなった髪の毛も、みんな「せつなさ」の対象です。

「せつない」という形容詞で片付けるのは簡単ですが、大切なことは**「せつない」という決めの言葉を使わず、状況をひたすら描きこむこと**です。取り返しのつかない状況になったとき、自分の力ではどうしようもない状況

にぶつかったときの人間の無力さや孤独感を描ききれれば、「せつない」という形容詞に依存しなくても、「せつない」気持ちはくっきり読み手に伝わります。

6.3
何気ない日常の「幸せ」を描く

「はかない」「せつない」と来てしまったので、ポジティブな形容詞についても考えてみましょう。ここで扱うのは形容詞「嬉しい」「楽しい」の仲間である形容動詞**「幸せ」**です。日常生活のなかで何気なく「幸せだなあ」と口にする瞬間があると思うのですが、いくら「幸せだなあ」と言葉にしてみても、そうした幸せな気持ちを喚起する現実の描写がなければ、読み手が幸せを共有することはできません。そこで、何気ない日常の幸せな瞬間を言葉にするトレーニングをしてみましょう。

> **問3** あなたが日常生活のなかで「幸せだなあ」と思う瞬間を、読んでいる人にも伝わるように描写してください。状況を詳しく示したあと「〜したとき。」で閉じてください。

159

「せつなさ」のときと同じように、1枚の絵になるように表現してください。たとえば、

● のどが渇いて水を飲んだとき。

はどうでしょうか。もちろん、これで内容は伝わりますが、描写の詳しさが足りず、読んでいる人に「幸せだなあ」という気持ちを起こさせるには至らないでしょう。

> ● スポーツをしたあと、のどがからからに渇いたときに冷たい水をごくごく飲んだとき。

ここまで書けば、状況も詳しく伝わり、幸せな気持ちも読み手に伝わるでしょう。

つぎに検討するのは、二度寝に幸せを感じる瞬間です。

● 休日の朝に二度寝したとき。

これも内容は伝わりますが、描写不足です。もう少し二度寝の喜びがダイレクトに伝わるように表現を工夫し

160

たいところです。

> 寒い冬の朝、仕事だから布団から出ないと、と思った瞬間、「今日は休日だった」ということに気づき、暖かい布団のなかでぬくぬく感を心ゆくまで味わえたとき。

　ここまで書きこめば、休日の二度寝の喜びを読み手も実感できるはずです。

　今度は、大事にしていた観葉植物が枯れてしまったときのことです。次のページを見てください。

枯れた観葉植物が新芽を出したとき。

　これも内容を伝えるだけなら十分な表現ですが、やはり描写力に物足りなさを覚えます。背後の状況も含めて詳しく説明してみましょう。

> 枯れてしまった観葉植物を生き返らせようと、枯れた葉を取り除いて日陰に移し、鉢を1時間ほど水につけておいたら、ふたたび緑の新芽を出しているのに気づいたとき。

　最後に、漫画の大人買いを例に考えてみましょう。

漫画を大人買いしたとき。

　漫画の大人買いは、自分で稼げるようになった喜びを体感する瞬間ですが、詳しい状況とともに示さないと、その喜びを読み手と共有することはできません。上の文だけでは書きこみ不足で、読み手は「それで？」と物足りなさを覚えてしまうでしょう。

> 🔴 一週間の仕事が終わる金曜日の帰り道、疲れた足で書店に寄ったところ、以前から読みたかった漫画が全巻そろっており、週末の楽しみとして大人買いしたとき。

　大人買いの喜びは、それを読むときの書き手の笑顔とセットになって初めてイメージがくっきりしてきます。何気ない日常の幸せは「幸せだなあ」という言葉ではなく、**状況の詳しい描写**があって初めて読み手の心に「幸せだったんだろうなあ」という感慨が起こります。

　私たちは嬉しいこと、楽しいこと、嫌なこと、つらいことに出会ったとき、それを文章に書きたくなります。自分の気持ちを他者に伝えたいと思うからです。しかし、その気持ちを形容詞のまま伝えても、読み手に気持ちが伝わらないのが言葉の不思議なところです。**形容詞を動詞に変えて、出来事として描写**したときに初めて読み手に気持ちが伝わります。なぜでしょうか。

　それは、私たちの感情自体がまさに、動詞によって描かれる出来事との出会いによって生まれてきたものだか

163

らです。形容詞は出来事の結果として生じた感情なので、その感情を表したければ、結果の原因となった出来事そのものを描くしかないのです。出来事を描いて気持ちを伝える**感化**という高度な技法にぜひ挑戦してみてください。

★Point★
感情を表現する「事実の描写」を学べば「読ませる文章」が書けるようになる

第3部

ストレートな発想を排する

直接的表現から間接的表現へ

第7章

表現を和らげる
[緩和]

（「嫌いだ」「まずい」の
鋭さを避ける）

「嫌よ嫌よ」も…

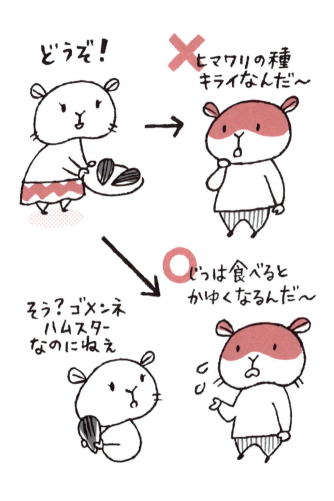

言い方ひとつで雰囲気がよくなる！

7.1
直接的マイナス表現を回避する

「好きだ」「嫌いだ」というのは、私たちが持っている自然な感情です。しかし、「好きだ」はともかく、「嫌いだ」というネガティブな感情を社会的な場面で言うのはNGです。「嫌いだ」というのは感覚の問題で、論理の問題ではないからです。

相手のことを「嫌いだ」と言った場合、言われた相手は傷つきます。しかも、やっかいなことに、言われた相手は「嫌い」を「好き」にすることができないのです。自分に悪いところがあったとして、それを努力で克服しても「嫌い」が「好き」に変わることはほとんどないでしょう。むしろ、その努力が「嫌いだ」と言った人の目に映ると、もっと嫌いになってしまう可能性さえあります。それは、「嫌いだ」というのは、論理の問題ではなく、感覚の問題だからです。

個人的な付き合いで「好き」「嫌い」は仕方がありません。が、社会的な付き合いで「好き」「嫌い」を言っていては仕事になりません。社会で大切なのは、好みの合う人と親しくする能力ではなく、好みの合わない人とも上手に付き合える能力です。そのため、「好き」「嫌い」をうっかり口にしてしまうと、社会的な信用を失います。そこで、「嫌い」を封印する方法を考えてみましょう。

> 問1 　訪問したお宅で、嫌いな食べ物、たとえばマヨネーズが嫌いな人がマヨネーズのたっぷりかかった料理を出されて、食べたくないときにどう言ったらよいか、考えてください。

● **マヨネーズは嫌いです。**

　このようにきっぱり言いきるのは最悪です。相手は自分勝手でわがままな人だと受け止めるでしょう。

　そこで、考えたいのが**否定表現**です。

169

> 😊 マヨネーズが<u>好きではなくて</u>。

　「嫌い」という直接的な表現を避け、**「好きではない」**とぼかします。「好きではない」は「嫌いだ」だけでなく「好きでも嫌いでもない」領域を含みますので、表現が柔らかくなるのです。そして、「〜ではなくて」と文末も断言しないようにすれば、穏やかな表現になるでしょう。

> 😊 マヨネーズが昔から<u>食べられなくて</u>。

のような言い方も同様によさそうです。
　さらに間接的な表現も考えられそうです。

> 😊 マヨネーズが<u>体質に合わなくて</u>。

　「卵アレルギーがある」とはっきり言えればよいのでしょうが、それだとウソになってしまう場合、**「体質に合わない」**という否定表現でぼかすことができそうです。

◎ 今日はちょっと食欲がなくて。

　こんな言い方もできそうです。ただし、そのあとに、自分の好みの料理が出てくるかもしれないチャンスを逸することになるかもしれません。

　否定表現を使う以外にも、相手の気分を害しにくい表現があります。一つは**「苦手」**を使う方法です。

◎ マヨネーズが苦手で。

　「嫌い」よりも「苦手」のほうがましでしょう。この「苦手」も否定表現を使うと、もっと穏やかになります。

◎ マヨネーズがあんまり得意ではなくて。

　肝心の部分を言わず、察してもらう方法もあります。

◎ マヨネーズがちょっと……。

171

相手が提供してくれたものにたいし、ネガティブな評価は避けるのが賢明です。

> **問2** 仲のよい友人に誘われて行ったレストランで、初めて見た料理を口にしたところ「うっ」と感じてしまいました。その場合、目の前の友人にどう言ったらよいか、考えてください。

まず思いつくのが、ストレートな表現です。

● うわー、まずい。

これはもちろん、せっかく誘ってくれた友人に失礼です。一緒に食事をしている人に「まずい」と露骨に言われると、不愉快になるものです。二度と誘ってもらえなくなるかもしれません。

しかし、何も言わずに我慢して食べつづけられたらよいのですが、それもできないまずさの場合、一言言って残さざるをえません。そんなときどう言えばよいでしょ

うか。そこで登場するのが否定表現です。

> ◉あんまりおいしくないかも。

「まずい」とはっきり言うよりはましになりました。ですが、「おいしくない」も否定的な表現ですので、もう一工夫したいところです。

> ◉ちょっと私の口には合わないかな。

かなりよくなりました。料理のせいではなく、私の好みの問題になっているからです。しかし、人によっては、食通ぶっていて気分がよくないと感じるかもしれません。さらに一手間加えるとどうなるでしょうか。

> ◉この料理はちょっと箸が進まなくて。次の料理のためにお腹を取っておこうかな。

ここまで言えば、相手にも不快なく真意が伝わるでしょう。大切なことは、前向きに言うことで、

173

> 💬 不思議な味付けですね。
>
> 💬 個性的な味ですね。
>
> 💬 きっと好きな人にはたまらない味なのでしょうね。

などと言い逃れるのも定番でしょう。

　また、自分がおいしくないと感じた理由を言うと、相手もそれなりに受け入れられそうです。

> 💬 ごめん。この料理、においがだめで。
>
> 💬 ごめん。この料理、味付けが辛すぎるかも。

7.2

not A but B を活用する

英語に "not A but B" という構文があります。「**Aではなくて B だ**」というパターンです。このパターンは、「Aだ」と信じている読み手に「Aでない」のなら何なんだろうと思わせ、次の文脈を期待させる効果があります。

🖊 **消せるボールペンは字が消えるのではない。**

という文を考えてみましょう。

　消しゴムで字が消せる鉛筆やシャーペンと同じように、消せるボールペンも字が消せると思っている人は多いでしょう。ところが、「消せるボールペンは字が消えるのではない」というのです。消せるボールペンがどういう原理になっているのか、この文を読んでいる人は次が気になることでしょう。

> ✏️ 消せるボールペンは字が消える<u>のではない</u>。摩擦熱によってインクの文字が無色になるだけなのだ。その証拠にマイナス20度という低温環境に置くと、消えていたはずの字が元に戻る。

　ここでのポイントは、「のではない」という文末です。「の」が挟まらない文末だとどうなってしまうでしょうか。

🔴 消せるボールペンは字が<u>消えない</u>。

　これでは、ほんとうに字が消えないことになってしまいます。「の」が入ると、直前にある「消える」の部分が否定されず、それ以外のどこか一部が否定されているというニュアンスになります。

　つぎに、この「のではない」文を活用する方法を考えてみましょう。

問3 次の①と②の文のあとに通常どんな内容の文が続くか、考えてください。

①私は電車のなかで老人に席を譲らなかった。
②私は電車のなかで老人に席を譲ったのではない。

①私は電車のなかで老人に席を譲らなかった。

この文の続きとして、まず思い浮かぶのは理由でしょうか。

- 体調を崩していて気分が悪かったからだ。
- その老人が元気そうで、譲っても断られそうに思ったからだ。

反対に、その結果どうなったかという結果を考えた人もいそうです。

177

- すると、その老人にねちねちと嫌みを言われた。
- 席を譲ってもらえないと感じた老人は私のそばを離れ、別の人のまえに立った。

逆接で続ける方法もありそうです。

- しかし、老人がしんどそうなので、席を譲ることにした。
- しかし、老人が立っているあいだ、ずっと良心の呵責にさいなまれた。

　一方、文末に「の」が挟まる場合はどうでしょうか。

②私は電車のなかで老人に席を譲ったのではない。

　「譲った」こと自体が否定されているわけではありませんので、何が否定されているかによって、後続の展開が変わりそうです。

　まず、「電車のなかで」を否定するパターンから。

- 駅のホームのベンチで席を譲ったのだ。
- バスの車内で席を譲ったのだ。

「老人に」を否定するパターンもあります。

- おなかの大きい妊婦さんに席を譲ったのだ。
- 青い顔をした高校生くらいの男子に席を譲ったのだ。

　こんなふうに「の」が文末に挟まると、文の一部の要素を否定することになります。それによって、表現の力を強めることができます。

　たとえば、以下のような感じです。

- 私はお金儲けがしたくて仕事をしているのではない。お客さまに喜んでほしくて仕事をしているのだ。
- 失敗するのが問題なのではない。失敗の原因を分析しないのが問題なのだ。
- 仕事を早く終わらせることが重要なのではない。ゆとりをもって仕事をすることが重要なのだ。

また、「〜のは…ではない」という文型にすることで、どの要素を否定するかが明確になります。ぜひ意識して使いたい用法です。

- 私たち遺族が裁判を起こしたのは、賠償金が欲しいからではない。なぜ子どもが死んだのか、その理由を知りたいだけなのだ。
- 学問をするうえで大切なのは、知識ではない。知識を生かす考え方である。
- 病気を治すのは、医者でも看護師でもない。治りたいと願う患者本人の強い意志である。

さらに、英語の "not only A but also B" に相当する「だけではない」「〜だけが…ではない」も有力です。

- 子育てに必要な施設は保育所だけではない。緑豊かな公園や公共の図書館も子育てに必要な施設である。
- 日本を代表する大豆の発酵食品は醤油と味噌だけではない。納豆もまた、優秀な大豆の発酵食品である。
- 長い鼻と白い牙だけが、象の魅力なのではない。何

> よりも大きな身体自体が象の魅力なのだ。

　「にかぎらない」「にとどまらない」という文末も、「だけではない」と同じような効果を持ちます。
　ただし、「のみならず」は「のみならない」という形では使われないため、文末では使えず、つねに文の途中で使うことになります。いずれも、「他に何があるのだろう」と思わせることで、内容のタメを作りだすことができる形式です。

7.3 否定を肯定に変える

✮✮✮✮✮✮✮✮✮✮✮✮✮✮✮

　人の目を一言で捉えるキャッチコピー。そこには、否定文が溢れています。しかし、否定文だからと言って、内容が否定的であるとはかぎりません。もし否定的であるとしたら、広告としての機能を果たさないでしょう。

　先ほどの"not A but B"の論理を使ったものでおもしろいのは、

> 場所に届けるんじゃない。人に届けるんだ。
> （クロネコヤマト）

でしょう。宅配の荷物を大切に扱っていることが伝わります。同じ宅配便のキャッチコピーとしては、

> 歩いてる佐川のお兄さんを、私は見たことがない。
> （佐川急便）

もあります。「見たことがない」というのは否定表現ですが、ネガティブな表現ではありません。否定することで、佐川のお兄さんはいつも一生懸命走っていることが伝わるからです。次も宅配便関連です。

> ◎母から初めての宅配便。
> 段ボールごときで自分が泣くなんて、知らなかった。
> （ハウスメイト）

賃貸住宅会社のコピーですが、否定表現を使ったことで自分に新たな発見があったことを見事に示しています。

第3部 ストレートな発想を排する

問4 次のキャッチコピーは、よく知られたキャッチ
コピー。どんな表現が入るか、思いだしてください。

① [　　　]、[　　　　] かっぱえびせん
　　　　　　　（カルビーかっぱえびせん）
②なにも [　　　　]。なにも [　　　　]。
　　　　　　　（サントリー山崎…ウイスキー）
③第一志望は、[　　　　]。（駿台予備学校）

　①は「やめられない」「とまらない」です。いったん
手が伸びたらあまりのおいしさに食べつづけてしまうと
いうことがうまく描かれています。
　②は「足さない」「引かない」が入ります。足し算、
引き算とかけて、リズムを作りだし、純度の高いウイス
キーであることを端的に言い表しています。
　③は「譲れない」です。否定表現は使われていますが、
あくまでも前向きです。妥協を許さない姿勢が表れてい
ます。

キャッチコピーと言っても、商品の広告に限られるわけではありません。映画のキャッチコピーにも印象に残るものが多いでしょう。

　たとえば、沈みゆく船のなかでの悲劇の恋を描いた映画「タイタニック」では、

> ● 運命の恋。誰もそれを裂くことはできない。
> 　（タイタニック）

というコピーが使われます。

　また、知的な能力に劣り、いじめに遭っていた「愚か者（ガンプ）」フォレストが真っ直ぐな心と周囲の協力で幸せな人生を歩んでいく「フォレスト・ガンプ／一期一会」では、

> ● 人生はチョコレートの箱、開けてみるまで分からない。
> 　（フォレスト・ガンプ／一期一会）

というコピーが使われます。

　少年四人の一夏の冒険を描いた「スタンド・バイ・ミ

ー」は、

> 12才の夏、誰も大人になんかなりたくなかった…。

です。「スタンド・バイ・ミー」、すなわち、そばにいて
ほしいというタイトルと相まって、仲間のきずなの強さ
が感じられるタイトルです。

70年代にイタリアで作られ、当時一世を風靡した「サ
スペリア」は

> 決してひとりでは見ないでください。

というコピーで知られています。そう言われてしまうと、
本能を揺さぶられるようで、つい見てしまいたくなりそ
うです。

7.4 否定で思索を深める

私たちが自分の考えを深めて書こうとするとき、**否定表現と向きあう**ことになります。否定表現は否定をすることで、新たな発想を生む起爆剤となるからです。

この文章を書いているのは、ボブ・ディラン氏がノーベル文学賞を受賞したというニュースが入ってきたころです。ディラン氏は当初、受賞するかどうかの意向を明確にせず、選考主体であるスウェーデン・アカデミーがそれにたいして批判的なことを述べていました。そんなとき、ディラン氏のファンであった小田嶋 隆氏がエッセイでこんなことを書いていました。

> 私にとって重要だったのは、ボブ・ディランがノーベル賞に値するのかどうかではなかった。
> 私の関心事は、ノーベル賞がボブ・ディランにふさわしいのかどうかだった。

ノーベル賞というものの重さを考えると、私のような凡人はノーベル賞のほうを重く考えてしまいます。

そのときの『日本経済新聞』も、

> ロックを芸術に高めた　ボブ・ディラン氏ノーベル賞

という見出しを掲げ、ロックファンの厳しい声にさらされました。「ロック」は芸術ではなかったということを前提としているからです。否定して考えることには、「常識」という名の偏った見方を是正する力があります。

問5 廣末登（ひろすえのぼる）『ヤクザになる理由』（新潮新書）には次のような一節が出てきます。ここでの否定表現の効果について考えてください。

> 暴力団に加入する子どもたちの家庭は、彼らを放置し、教育を与えず、芸術を鑑賞する機会を与えず、場当たり的な躾を行う社会であるといえま

す。こうしてみると、家庭が子どもに「した」ことより、「しなかった」ことの方が多いかもしれません。

　暴力団対策法は社会的に意味のある法律ですが、一方、一度暴力団に入った人が更生するのが難しいという現実を生みだしています。シャバの社会は、臭いものに蓋をするように暴力団排除に乗りだしますが、暴力団員のがわから見て、暴力団員の人権という立場から考えて、ほんとうにそれでいいのかということを考えさせられる一節です。暴力団員を生みだすシャバの「しなかった」ことに原因があることが、えぐりだされています。そこでも否定表現が効いています。

　歌人であり、劇作家でもある寺山修司は「さらばハイセイコー」という詩のなかで、競走馬として当時スターだったハイセイコーを、多くの人の思い出という形で振り返っています。しかし、詩が終わりに近づくと「ふりむくな　ふりむくな　うしろには夢がない」という有名な**否定表現**で詩の流れを転調させます。

189

> ふりむくな
> ふりむくな
> うしろには夢がない
> ハイセイコーがいなくなっても
> すべてのレースが終わるわけじゃない
> 人生という名の競馬場には
> 次のレースをまちかまえている百万頭の
> 名もないハイセイコーの群れが
> 朝焼けの中で
> 追い切りをしている地響きが聞こえてくる

　ところが、この詩はこれでは終わりません。最後には次のように閉じられます。

> 思い切ることにしよう
> ハイセイコーは
> ただ数枚の馬券にすぎなかった
> ハイセイコーは
> ただひとレースの思い出にすぎなかった

> ハイセイコーは
> ただ三年間の連続ドラマにすぎなかった
> ハイセイコーはむなしかったある日々の
> 代償にすぎなかったのだと
>
> だが忘れようとしても
> 眼を閉じると
> あの日のレースが見えてくる
> 耳をふさぐと
> あの日の喝采の音が
> 聞こえてくるのだ

　ハイセイコーは否定しようとしても否定しえない崇高な存在なのです。

　これは宇多田ヒカル「ADDICTED TO YOU」にも通じる文脈です。**前半の否定表現**が伏線となって、後半の会いたい気持ちがコントラストとして聴き手の心に切なく届きます。

第3部 ストレートな発想を排する

> 🔴 別に会う必要なんて無い
> しなきゃいけないこと沢山あるし
> 毎日話す必要なんて無い
> 電話代かさんで迷惑してるんだ
> 変わらない愛情なんて無い
> 不安があるから強くなるし
> 二人のこと誰にも言わない
> 子供じゃないんだから
> どこまでも続く道じゃない
> だったら他を選べばいいのに
> 　{中略}
> だけどそれじゃ苦しくて　毎日会いたくて
> この気持ちどうすればいいの
> 今おとなになりたくて　いきなりなれなくて
> oh baby〔oh baby〕君にaddictedかも
> 　{後略}

　さらに同じような文脈は、槇原敬之「もう恋なんてし
ない」にも見られます。前半は君の**不在を嘆く否定**、後
半は君への思いを**貫く否定**です。

❀ **192** ❀

♪ 君がいないと何にも
　できないわけじゃないと
　ヤカンを火にかけたけど
　紅茶のありかがわからない
　ほら　朝食も作れたもんね
　だけどあまりおいしくない
　君が作ったのなら文句も
　思いきり言えたのに
　　{中略}
　本当に　本当に
　君が大好きだったから
　もう恋なんてしないなんて
　言わないよ　絶対

「もう恋なんてしないなんて言わないよ　絶対」という**否定表現の前向きさに注目してください。**タイトルは「もう恋なんてしない」だったのに、歌詞の終わりでは**二重否定で、大きな肯定へと変化**しています。二人が一緒に暮らしていたころはきっと「君を失うようなことがあったら、もう二度と恋なんてしない」と言っていたの

JASRAC 出1712129-701

でしょう。しかし、別れて初めて「もう恋なんてしないなんて言わないよ　絶対」と言えるほど、「君が大好きだった」ことに気づくのです。大切な存在を失った僕の、どうしようもない強がる気持ちが否定表現によって強まり、聴く人の感情移入を誘います。

「否定表現」と「否定的表現」は違います。**「否定表現」は「〜ない」がつく表現、「否定的表現」は意味がネガティブな表現**です。本章で扱ったのは、「否定的表現」ではなく「否定表現」です。肯定をするためには「肯定する」という方法だけでなく、**「否定的表現を否定する」**という回りくどい方法がありえます。「お酒は好きだ」とストレートに言わず、あえて「お酒は嫌いなほうではない」と回りくどく言ってみる。それによって表現に深みが加わるところが言葉のおもしろいところです。

★Point★
否定表現で「ひとひねり」することで印象的な文章になる

第3部

ストレートな発想を排する

直接的表現から間接的表現へ

第8章

裏から迫る
［あまのじゃく］

（「くだらない」「つまらない」の
不快さを避ける）

「表現」で印象は変わる

ペチャクチャ

いや〜 昨日さー
ネコに追いかけられたから
穴に入ったら、おにぎり落ちて
おにぎり追いかけてたら
池にはまって
ドジョウが出てきて
コンニチワ
しちゃってさー

× へ、へー。

○ へー、たまには
おもしろい事言うね

"つまらない" ときに、
「つまらない」と言わないでみよう

8.1
対極的なものの見方を考える

形容詞の大きな問題点の一つは、**表現が直接的**すぎて、ときに相手の心に突き刺さってしまうという点です。それが相手に向けられたときはもちろんですが、第三者として聞いていても嫌な気持ちがするときがあります。

そうした直接的な表現を避ける方法の一つは、前章で見た否定表現の活用ですが、もっとも大胆な方法があります。それは**対極的な見方をするという方法**です。たとえば、「くだらない」という言葉の対極的な見方を考えてみましょう。

> **問1**　「くだらないこと言うね。」という文はこのままではきつく響きます。もう少し丸い表現にしてください。

「くだらない」と言われると、きつく響いてしまいます。そこで、「くだらない」の反対、**「おもしろい」**を使って「くだらない」と言う方法を考えてみます。

> 🐱 ほんとうにおもしろいこと言うね。
> 🐱 よくそんなおもしろいこと思いつくね。

これは**皮肉**と呼ばれる方法です。皮肉は間接的なものの言い方で、相手と信頼関係があるときは言葉遊びとして楽しんでもらえますが、皮肉は皮肉で相手の心に刺さることがありますので、注意が必要です。

次のような言い方はどうでしょうか。

> 🐱 いつもはおもしろいけど、今回は外しちゃったね。
> 🐱 三回に一回はおもしろいんだけどね。

おもしろいこともあるけど、おもしろくないこともあるという言い方をすることで、表現を丸くできていそうです。

❀ **199** ❀

一方、「くだらない」を前面に出すことも可能です。

> 💬 くだらないけど、おもしろいね。
>
> 💬 くだらないところが好きだな。

「くだらない」というのは、じつはばかにする一方の言葉ではありません。そこが、次に見る「つまらない」との違いです。「くだらない」ことを**評価する**という**方法**に気づくことも表現世界を広げます。

8.2
前向きなものの見方をする

　「ひどい」「つらい」「**面倒くさい**」など、ネガティブな形容詞は人の気持ちを暗くします。自分の文章を読んでくれる人を不快な気持ちにしないように、そうした**直接的な形容詞を避ける言い方**を身につけることが必要です。ここでは「つまらない」という形容詞を考えてみましょう。

> **問2**　「会議がつまらなかった。」という文を言い換えて、不快さを減らしてください。

　先ほどの「くだらない」と同じように、「おもしろい」という言葉を使うことをまずは考えます。

> 😊 今日の会議はおもしろいことは少ししかなかったね。
> 😊 会議はおもしろいときはおもしろいのになあ。

　また、「おもしろい」という言葉を使わずに、前向きになりそうな見方を考えます。

> 😊 今日は、意味のある人にとっては意味のある会議だったかもしれないね。
> 😊 ○○さんが発言してくれれば会議も盛りあがるのになあ。

　会議は議題が命なので、会議自体を否定せず、議題を問題にする方法もあります。

> 😊 今日の議題は、ルーティンの内容が多かったので、新鮮味に欠けたね。
> 😊 次回の会議は新プロジェクトの話なので、次回に期待かなあ。

　一方、議題や、議題をめぐる議論以外に会議の価値を

見いだす方法もありそうです。

> ◉ 会議は、人間観察にいい機会だなあ。
> ◉ 会議は、参加することに意義があるね。

　愚痴であるにしても、後ろ向きな発言は社内の士気を
下げますので、可能なかぎり前向きな言い方を心がけた
いものです。

　次は、レストランのクチコミサイトへの書き込みです。

問3 「厨房とのやりとりがうるさいので、静かにし
てほしかったです。」という文を言い換えて、不快
さを減らしてください。

　「うるさい」という言葉は身勝手に映りますので、肯
定的な「にぎやか」という表現を使うことがまず考えら
れます。「活気がある」という表現も考えられます。

> - 厨房とのやりとりが少々にぎやかすぎました。
> - 活気のある厨房には好印象ですが、スタッフの声がいささか大きすぎました。

　形容詞の場合、ネガティブな形容詞をポジティブな形容詞に変えることが可能です。

　たとえば、「暗い人」は「おとなしい人」「物静かな人」に、「強引な人」は**「積極的な人」「大胆な人」**に、「細かい人」は**「細やかな人」「よく気がつく人」**に、「やんちゃな子ども」は**「元気な子ども」「子どもらしい子ども」**に、それぞれ言い換えられます。

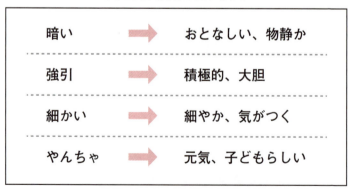

人を表す描写の言い換え

暗い	おとなしい、物静か
強引	積極的、大胆
細かい	細やか、気がつく
やんちゃ	元気、子どもらしい

「うるさい」に話を戻しますと、「うるさい」の反対は**「静か」**ですので、これを活用する方法もあります。

> 厨房がもう少し静かだと、落ち着いて食事ができたのにと感じました。
>
> 厨房では、静かな声でやりとりするという気配りがあるとありがたかったです。

別の見方としては、レストランのフロアで食事をする客の立場に立った見方も可能でしょう。

> 厨房でのやりとりの声がお客の耳に入ってきてしまう点は、要改善です。
>
> 厨房内の声が大きく、テーブルでの会話が不自由だったのは残念でした。

いずれにしても、読み手を不快にしない前向きな表現がポイントです。

8.3
自分の感情に振り回されない

第3部 ストレートな発想を排する

　ネガティブな形容詞は、読み手を不快にするだけでなく、自分自身を不幸にすることにもなります。言葉を口にしてしまうと、その見方に自分も縛られます。それが言葉の怖いところです。現状を明るい方向に向かわせるためには、ネガティブな形容詞を慎む心がけが大切です。

> 問4　次の文の「悔しいです」を、自分の感情に振り回されない、より穏当な言い方に変えてみましょう。

> ㋐ お世話になっている上司に高いお土産を買っていったら、あとでゴミ箱に捨てられているのを見つけました。悔しいです。

「悔しい」という形容詞は、自分自身の思いから自由になれていない気がします。「悔しい」を「ショックです」に変えられれば一時的な感情に、「残念だ」に変えられればより冷静な感情になる気がします。

- それ自体はショックでしたけど、私のリサーチ不足でした。
- 頼まれたものではないので仕方ないのですが、残念な気持ちになりました。

お土産を捨てた上司の気持ちになるという方法も有力です。そのとき、上司との信頼関係も考えて、**上司のことを悪くは受け取らない**という姿勢も大切です。

- その上司にとってはありがた迷惑だったのかもしれません。
- お土産はその人の趣味に合ったものでないといけないのですね。

もちろん、お土産を捨てた上司を批判することも可能です。しかし、その場合でも、上司の行動の一部に言及するにとどめ、人柄を非難することは避けたほうがよいと思います。

> ◎口に合わなかったのでしょうが、せめて目につかないところに捨ててほしかったです。
> ◎難しいとは思いますが、受け取るときに一言言ってほしかった気がします。

　「悔しい」気持ちはありますが、それに引きずられずに、仕方がないと思えるほうが建設的でしょう。

> ◎高い授業料と引き換えに、いい社会勉強になりました。
> ◎悲しかったですが、お土産というものの意味を考えるいい機会になりました。

> **問5** 「退屈な人生だなあ。」という文を、できるだけ
> **肯定的かつ具体的に言い換えてください。**

　第1部で見たように、形容詞には大雑把にものを捉える性格があります。「退屈な人生」と言っても、いつも退屈だということはないでしょう。自分の人生がどのぐらい退屈か、**事実として捉える**とどうなるでしょうか。

> ◉おもしろいことは週一回ぐらいしかないなあ。
> ◉ここ半年でツイートするネタが急減したなあ。

　このように捉えることで漠然とした印象が、より具体的になるでしょう。
　次に考えてみたいのが、なぜ退屈なのか、**その理由を考えること**です。

> ◉最近、毎日同じことの繰り返しだなあ。
> ◉刺激的な経験がなくなって、時間が早く流れるなあ。

第8章　裏から迫る［あまのじゃく］

✦ **209** ✦

もし「毎日同じことの繰り返し」ならば、朝早起きして散歩するとか、会社帰りに一人で居酒屋に寄ってみるとか、生活のパターンをときには変えてみることが大切でしょう。また、「刺激的な経験がなくなって」いるならば、バイオリンを習いはじめるとか、船に乗って大海原で釣りをしてみるなど、新しい趣味を始めてみるのが効果的かもしれません。

また、自分の人生を退屈なものにしてしまっている**根源的な理由を考えてみる**のもよいでしょう。

> 🖊 自分のやりたくないことばかり優先してきたもんなあ。
> 🖊 最近自分のことばかりで、まわりの人のことを考えていないもんなあ。

根源的な理由がわかれば、「自分のやりたいことを優先する」とか「まわりの人のために何かしてみようとする」とか、自分の行動が自然と変わってくるでしょう。

退屈な人生を変えるには、**発想の転換**が必要かもしれません。

- 自分の人生が退屈なら、別の人の人生を生きてみようかな。
- 自分の人生が恵まれすぎているから、退屈だと感じるのかな。

　「別の人の人生を生きてみよう」と思う人は、本を読んだり映画を見たりして、充実した人生を送った登場人物に自分を重ねてみて、新たな発想が得られるかもしれませんし、「自分の人生が恵まれすぎている」と感じる人は、自分の人生を振り返って、周囲の人への感謝の気持ちを取り戻すかもしれません。

　「退屈な人生だなあ」という漫然とした考えを多様な捉え方で見なおすことで、形容詞に象徴される狭い思考の枠にはまって、がんじがらめになってしまった自分に気づき、そこから抜けだすすべを見いだすことができるのです。

　形容詞を用いて自分の感情をストレートに表すこともときには必要なことですが、ネガティブな形容詞に捕ら

われて自由になれないと、まわりの人も不愉快な気持ちにさせてしまいますし、何より自分自身が不幸です。そこで、自分の身のまわりに起きていることを裏から考える「**あまのじゃく**」**の発想**に立って、できるだけポジティブなものの見方ができないか、考えてみることが大切です。そうすると、周囲にたいする自分の見方が少しずつ変わって見えてくるから不思議です。

　私たちの**思考は言葉に縛られています**。だからこそ、ときには勇気を出して、自分を縛りつけているネガティブな言葉から距離を取る必要があるのです。そんなとき「**あまのじゃく**」**の発想**はきっと役に立つはずです。

ネガティブな言葉を使わずに
「あまのじゃく」に発想してみよう

第3部

ストレートな発想を排する

直接的表現から間接的表現へ

第9章

イメージを膨らませる
[比喩]

（抽象性を避ける）

"わかりやすい"って何だろう？

大きさを説明する"基準"を知ろう

9.1
イメージを膨らませる

> 問1　次の文章の「ヌートリア」は「見慣れない動物」「けっこう大きな動物」として描かれていますが、実際の姿や大きさがわかりません。どんな動物か、インターネットで画像などを調べて、文字だけでわかるように表現してください。

● 近所の川沿いを散歩していたら、水辺で見慣れない動物を見かけた。けっこう大きな動物だった。気になったので家に帰って調べてみたら、ヌートリアという南アメリカ原産の動物であることがわかった。毛皮を取るためにかつて日本に持ちこまれ、それが捨てられ、野生化してしまったものらしい。

この**ヌートリア**という動物は全国で繁殖しているようなので、見たことがある方はすぐにその姿をイメージできたかもしれません。しかし、見たことがない人にはその姿はイメージしにくかったでしょう。

　写真でも一枚添えられていれば、その姿をすぐにイメージできるのでしょうが、写真がなく、言葉だけでイメージさせるのは至難の業です。

　そこで、考えたいのが**比喩表現**です。比喩表現は、イメージが湧きにくいものを説明する場合、大きさや姿・形が似た身近なものにたとえるときに使います。

　問１の例でいえば、「見慣れない動物」「けっこう大きな動物」がわかりにくそうです。

「見慣れない動物」は、その情報だけではどんな動物か、その姿や形がわかりません。一般には、

> ● ビーバーのような動物
> ● カピバラのような動物

とたとえられることが多いようです。たしかに両方に似ているのですが、ビーバーにしてもカピバラにしても、ふつうは動物園か図鑑でしか目にしない動物ですので、ピンとこない人も多いかもしれません。その場合は、より身近な動物である

> ● 巨大なドブネズミのような動物
> ● 大きいモルモットのような動物

にたとえるとわかりやすいでしょう。ヌートリアはたしかにネズミの仲間です。

　「けっこう大きな動物」もやっかいです。「大きい」「小さい」というのは主観であり、それぞれの人が頭のなかに持っている物差しによってその大きさが変わります。

そこで、

- 体長50cmぐらいの動物
- 体重が5kg以上はありそうな動物

とか入れれば正確になります。しかし、直感として、こうした**数値の表現でイメージはしにくい**でしょう。

　ここで、比喩を使えばうまく表現できそうです。

- 小型犬ぐらいの大きさの動物
- たったネコぐらいの大きさの動物

と身近な動物にたとえて表現すれば、イメージが湧きそうです。以上を踏まえると、こうなります。

- **近所の川沿いを散歩していたら、水辺で見慣れないビーバーのような動物を見かけた。小型犬ぐらいの大きさの、けっこう大きな動物だった。気になったので家に帰って調べてみたら、ヌートリアという南アメリカ原産の動物であることがわかった。毛皮を**

> 取るためにかつて日本に持ちこまれ、それが捨てられ、野生化してしまったものらしい。

　読み手の頭にないものを読み手に伝える場合、読み手の頭のなかにあるものにたとえて示すのが比喩です。実物の写真を添えるのも一つの方法ですが、読み手の脳内に収められている写真に引きつけて示すと、実物の写真以上に読み手のイメージが膨らみます。比喩は脳内の写真を参照させる行為なのです。

9.2

サイズの基準を考える

> 問2　東京の中心に位置する皇居は約115haありますが、どのぐらいの大きさか、イメージが湧きにくそうです。皇居の大きさが直感的にわかるように示してください。

　この課の目標は、「**大きい**」「**小さい**」という形容詞特有の主観的な物差しを、比喩によって直感的に表現することです。

　私たちが大きなもののサイズを測る場合、よく使われるのが東京ドーム（約4.7ha）です。「**東京ドーム○個分**」という言い方を耳にすることはあるでしょう。

- 東京ディズニーランドは東京ドーム11個分、ディズニーシーは東京ドーム10個分の大きさです。

この**東京ディズニーランド（51ha）**も、面積の基準としてよく用いられます。

一方、問2にある皇居は次のように表せます。

> 📝 東京の中心に位置する皇居は、東京ドーム約25個分の大きさです。

もちろん、東京ドームを基準にすることには問題がないわけではありません。一つは、東京ドームをみんなが知っているわけではないということです。その場合、より身近なものの大きさを基準にするとよいでしょう。小学校にある25mプールを幅15mで計算すると、**東京ドームは25mプール124個分に相当**します。

また、東京ドームを基準にすること自体、東京基準で物事を判断することを無意識のうちに認めることになると思います。それが嫌な人は、甲子園球場や札幌ドームなどを使うとよいでしょう。

それよりもさらに大きなサイズを測るのに便利なのが

「山手線内の面積」（約6,300ha）です。以下は「水と生きる」の企業理念で知られるサントリーのウェブページからです。

2003年から始めた「天然水の森」の活動は、現在では13都府県17カ所、総面積約7,600haまで拡大。東京の山手線内の面積よりも広く、大阪環状線内のほぼ2倍の広さになりました！

現在では、すべての工場で汲み上げている地下水の量よりも多い地下水を、全国に広がる「天然水の森」で育んでいます。

（http://www.suntory.co.jp/area/tokai/d/774/）

もっと大きいものを測りたいときは、山手線内の面積の10倍強である**琵琶湖**（**67,025ha**）が出てきます。同じように表現してみましょう。

米国の五大湖で最大のスペリオル湖は、琵琶湖約120個分の大きさです。

第9章　イメージを膨らませる［比喩］

ちなみに、こうした表現もできます。こちらのほうがリアルで、その途方もない大きさが想像できそうです。

> 🔴 米国の五大湖で最大のスペリオル湖は、北海道より若干大きいぐらいの大きさです。

一方、分数を使った表現も有効です。スペリオル湖のあまりの巨大さにかすんでしまいますが、北海道を代表する北海道大学は巨大な研究林を道内各地に有し（和歌山県にもあるそうです）、その大きさは次のように表せるそうです。

> 🔴 札幌キャンパスだけで約178ha、全国各地の関連施設を含めると合計約70,000haにもなる北海道大学は、国土の約570分の1に相当します。
> (http://www.agr.hokudai.ac.jp/s/agriculture_in_hu)

日本国（38,000,000ha）を基準に測れてしまうほど、北海道大学の所有地は巨大だということがわかります。これが読み手の直感に訴える比喩の力です。

このように、25mプール、東京ドーム、東京ディズニーランド、山手線内、琵琶湖、北海道、日本の国土といった、私たちに身近で代表性を持つものを基準に、比喩を用いて大きさを示すと、その大きさが直感的に伝わります。

　ただ、気をつけたいことは、比喩というものは目くらましの作用も持っているということです。よく広告で、

- レモン〇個分のビタミンC
- シジミ〇個分のオルニチン

といった表現を見かけます。しかし、レモン１個分のビタミンC、シジミ１個分のオルニチンがはたしてどれほど多い量なのかということは、冷静に考えておく必要がありそうです。

9.3

比喩が活躍する世界

問3　[　　　]に入る比喩表現を考えてください。

● 路行く人を押しのけ、跳(は)ねとばし、メロスは[　　　]のように走った。野原で酒宴の、その宴席のまっただ中を駈け抜け、酒宴の人たちを仰天させ、犬を蹴(け)とばし、小川を飛び越え、少しずつ沈んでゆく太陽の、十倍も早く走った。

　比喩表現は、「たとえるもの」と「たとえられるもの」から成り立ちます。「たとえるもの」は文脈からは自由に、書き手本人が思いついたものを持ちこむので、書き手の個性が色濃く出ます。そのため、比喩表現は文学の世界で活躍します。

太宰治の『走れメロス』では、「少しずつ沈んでゆく太陽の、十倍も早く」メロスが走る様子が「黒い風」に喩えられています。

> 路行く人を押しのけ、跳ねとばし、メロスは<u>黒い風のように</u>走った。

芥川龍之介の『蜘蛛の糸』では、天から降りてきた蜘蛛の糸をよじ登って、地獄の世界から抜けだそうとする犍陀多が「まるで蟻の行列のように」自分のあとをついて登ってくる無数の罪人の姿におびえ、罪人たちにむかって「下りろ。下りろ。」と言ったとたん、糸はぷつりと切れます。そのときの犍陀多の様子が「**独楽のようにくるくるまわりながら**」と描かれ、その場面を映像化するときの助けとして働きます。

> あっと云う間もなく風を切って、<u>独楽のようにくるくるまわりながら</u>、見る見る中に暗の底へ、まっさかさまに落ちてしまいました。

宮沢賢治の『注文の多い料理店』では、山奥の道に迷って西洋料理店に入った二人の紳士が、自分たちが料理を食べるのではなく、自分たちが料理として食べられることに気づいたときの恐怖が次のように描かれます。

> 二人はあんまり心を痛めたために、顔がまるでくしゃくしゃの紙屑のようになり、お互にその顔を見合せ、ぶるぶるふるえ、声もなく泣きました。

その恐怖はこの作品の結末でもう一度示されることになります。

> しかし、さっき一ぺん紙くずのようになった二人の顔だけは、東京に帰っても、お湯にはいっても、もうもとのとおりになおりませんでした。

夏目漱石の『こころ』では、「先生」が自らの言葉と行動で精神的に追い詰めた友人Kが死んでいるのを発見します。Kの死を発見した「先生」の目は「硝子で作った義眼のように」動く能力を失います。

> その時私の受けた第一の感じは、Kから突然恋の自
> 白を聞かされた時のそれとほぼ同じでした。私の眼
> は彼の室の中を一目見るや否や、あたかも硝子で作
> った義眼のように、動く能力を失いました。

　横光利一の『頭ならびに腹』は現代でも通用しそうな
斬新な書き出しです。

> 真昼である。特別急行列車は満員のまま全速力で馳
> けてゐた。沿線の小駅は石のやうに黙殺された。

　各駅停車しか停まらない小田急線の小駅で、ロマンス
カーが通過していくのを眺めていた私の胸に、「**石のや
うに黙殺された**」という比喩は妙に響きました。
　もちろん、現代の作品でも比喩は多く使われます。そ
の代表的な使い手は村上春樹です。次の例は『海辺のカ
フカ』からの引用です。

229

> 目を閉じて息を吸いこむと、それが<u>やさしい雲のように僕の中にとどまる</u>。

　単なる「雲」ではなく、「やさしい雲」としているのがポイントです。このように、村上春樹は喩えるときに一手間加える傾向があります。
　このように、文学作品の比喩は独創性に溢れ、読み手のイメージを明確にする働きがあります。

9.4

陳腐な比喩

☆　☆　☆　☆　☆　☆　☆　☆　☆　☆　☆

　しかし、比喩表現は万能ではありません。比喩に慣れてしまうと、私たちは**決まりきった表現**しか使えなくなるからです。

問4　「死ぬ」の部分を別の表現に変えてみてください。

①**死ぬ**ほど暑い。
②**死ぬ**ほど怖い。
③**死ぬ**ほど退屈だ。

　私たちは大げさに言いたいとき、すぐに「死ぬほど」を使ってしまいます。しかし、そうした手垢のついた表現で読み手に感動を与えることはできません。

「死ぬほど暑い」の「死ぬ」の部分をどう考えることができるでしょうか。暑さの原因が日差しの強さにあると考えた場合、**「焼けるほど暑い」「焦げつくほど暑い」「干からびるほど暑い」**などと言うことができるかもしれません。また、気温の高さが原因であれば、**「溶けそうなほど暑い」「とろけるほど暑い」「蒸発しそうなほど暑い」**と言えそうです。

一方、身体に影響が及ぶことを考えると、**「げっそりするほど暑い」「のぼせるほど暑い」「倒れるほど暑い」**と言えるでしょう。意識に影響が及ぶ場合、**「気が遠く**

なるほど暑い」「めまいがするほど暑い」「正気を失うほど暑い」とも言えそうです。そもそも「死ぬほど」というのが慣用化してしまって言葉が力を失っているので、**「生死に関わるほど暑い」「命が危険にさらされかねないほど暑い」**と言えば、「死ぬほど」が本来の力を取り戻せそうです。

　同様に、「死ぬほど怖い」であれば、身体的な観点からは**「背筋が凍るほど怖い」「震えが止まらないほど怖い」「眠気が吹き飛ぶほど怖い」**などと言えそうですし、精神的な観点からは**「目をそむけたくなるほど怖い」「この場から逃げだしたくなるほど怖い」「深夜のトイレに閉じこめられたときほど怖い」**のように言えるでしょう。

　「死ぬほど退屈だ」も、**「うんざりするほど退屈だ」「あきれるほど退屈だ」「気絶するほど退屈だ」「正気を保てないほど退屈だ」「恐怖に襲われかねないほど退屈だ」「無人島で一人で暮らすほど退屈だ」**などとなります。

　野球で言えば、優れたピッチャーは**「針の穴に糸を通すような」**コントロールを持ち、**「地を這うような」**直球を投げ、力のあるバッターの打球は**「ピンポン球のように」**飛んでいき、レフトスタンドに**「突き刺さる」**。

外野からは「**レーザービーム**」と呼ばれる「**矢のような**」送球がホームに帰ってくる。ビッグプレーにライトスタンドは「**揺れ**」、球場全体が歓声に「**包まれる**」。それが野球観戦の醍醐味かもしれませんが、そうしたありきたりの表現に頼っていると、次第に言葉の力が失われ、球場の緊迫した臨場感が伝わらなくなっていきます。

　比喩というものが新たな発想を開拓する装置である以上、**ありきたりの表現を避けて、自分なりの発想を開拓することに挑戦してみる**勇気がときには必要です。
　比喩にかぎらず、形容詞から離れることは勇気の要る作業です。しかし、ここまで読んでくださった読者のみなさまは、きっとその勇気をすでに手に入れてくださっていると確信しています。

比喩を通して、自分らしく自由に表現してみよう

おわりに

テレビのバラエティ番組を見ていたら、若い女性のお客が集まる喫茶店に、有名な男性タレントが入ってきたとき、一様に「やばい」「やばい」「やばい」と叫ぶ光景を目にしました。そこには例外はなく、みんなそろって「やばい」でした。

「やばい」は、かつては「深刻な異常事態」にたいして使われる言葉だったように思います。自ら招いたピンチ、取り返しのつかない失言、卒業が危ぶまれる学業成績などが「やばい」と形容される対象でした。

しかし、時代が進むにつれて、「深刻な」が取れて、「単なる異常事態」にも使われるようになってきました。つまり、「やばい」の程度が軽くなったわけです。さらに時代が進むと、「異常事態」でもない「異例の事態」にも「やばい」が使われるようになりました。つまり、「やばい」がマイナスの事態だけでなく、プラスの事態

にも使われるように意味が広がりました。だからこそ、滅多に見ない有名男性タレントを見たときに、驚きの感情とともに「やばい」を発するようになったわけです。

若い女性どうしが集まる場所で、おたがいの感情を共有する意味で「やばい」を連呼するのはごく自然な現象で、目くじらを立てる必要もないでしょう。しかし、スマホによる「打ち言葉」の普及によって、書き言葉においても「やばい」のような定型化された形容詞で済ませようとする現状が広がってきたことには不安を抱かざるをえません。

書くという作業の最大の意義は、「時間をかけて自分なりの思想を育てる」ことにあるはずです。そのためには、定型化された紋切り型の言葉からはきっぱりと縁を切る必要があります。

本書は、文章のなかで、使い慣れた安易な形容詞を手放すことを徹底させることで、表現力を高めるトレーニング法を紹介しました。ウェブサイトやＳＮＳで、自分を発信する機会が増えているからこそ、質の高い豊かな表現で自分の考えを発信する一助としていただければさいわいです。

おわりに

　日本実業出版社さんとは、『論文・レポートの基本』という本をとおして関係が生まれました。さいわい、前著は多くの方に受け入れられ、新たなレトリックの書籍を出版しようという企画が、当時の担当編集者であった中野綾子さんとのあいだで盛りあがりましたが、忙しさにかまけているうちに、中野さんが社内結婚され、本企画は現担当編集者である山田聖子さんに引き継がれました。しかし、私がぐずぐずしているうちにさらに年月が経ち、山田家に第一子が誕生しました。結婚はおろか、誕生にも間に合わせられなかったのは残念ですが、それでも、本書がこうして形をなしたのは、中野さんの本書にたいする情熱と、それを引き継いだ山田さんの粘り強い努力のたまものです。

　編集者お二人の熱意の結晶である本書が、最後まで読んでくださった読者のみなさまの文章力向上に役立つことを心から願いつつ、稿を閉じさせていただきます。ありがとうございました。

2017年11月　ＳＤＧ

石黒　圭

石黒　圭（いしぐろ　けい）

1969年大阪府生まれ。神奈川県出身。国立国語研究所研究系日本語教育研究領域代表・教授、一橋大学大学院言語社会研究科連携教授。一橋大学社会学部卒業。早稲田大学大学院文学研究科博士後期課程修了。博士（文学）。専門は文章論。著書は『文章は接続詞で決まる』『「読む」技術』『日本語は「空気」が決める』『語彙力を鍛える』（いずれも光文社）、『日本語てにをはルール』（すばる舎）、『「接続詞」の技術』（実務教育出版）、『論文・レポートの基本』（日本実業出版社）など多数。

形容詞を使わない　大人の文章表現力

2017年11月20日　初版発行
2022年 5月20日　第4刷発行

著　者　石黒　圭 ©K.Ishiguro 2017
発行者　杉本淳一

発行所　株式会社 日本実業出版社　東京都新宿区市谷本村町3-29 〒162-0845
　　　　編集部　☎03-3268-5651
　　　　営業部　☎03-3268-5161　振　替　00170-1-25349
　　　　　　　　　　　　　　　　　https://www.njg.co.jp/

印刷／厚徳社　　製本／共栄社

この本の内容についてのお問合せは、書面かFAX（03-3268-0832）にてお願い致します。
落丁・乱丁本は、送料小社負担にて、お取り替え致します。

ISBN 978-4-534-05541-5　Printed in JAPAN

日本実業出版社の本

簡単だけど、だれも教えてくれない77のテクニック
文章力の基本

阿部紘久
定価 本体 1300円（税別）

「ムダなく、短く、スッキリ」書いて、「誤解なく、正確に、スラスラ」伝わる。長年の文章指導で蓄積された豊富な事例をもとに「原文→改善案」と比較しながら、ポイントをわかりやすく解説します。

大切だけど、だれも教えてくれない77のルール
メール文章力の基本

藤田英時
定価 本体 1300円（税別）

いつも使うけど、きちんと教わることの少ないメールの「恥ずかしくない書き方、送り方」。「やりとりは1往復半で終える」「用件が2つあるなら件名も2つ」など77のメールのルールを紹介します。

この1冊できちんと書ける！
論文・レポートの基本

石黒圭
定価 本体 1400円（税別）

論文・レポートの構成と書き方を完全マスター！　日本語の専門家であり、塾・大学などで長年学生を指導してきた著者が、必要十分な論文を書く方法とオリジナリティを出すコツなどを紹介します。

定価変更の場合はご了承ください。